QINGYI WENHUA DE LILIANG

WO DE JIAOYU GUANLI ZHI LU

# 情义文化的力量

## 我的教育管理之路

王守江 ◎ 著

安徽师范大学出版社

ANHUI NORMAL UNIVERSITY PRESS

· 芜湖 ·

图书在版编目(CIP)数据

情义文化的力量:我的教育管理之路/王守江著. -- 芜湖:安徽师范大学出版社,2024.9

ISBN 978-7-5676-6767-9

Ⅰ.①情… Ⅱ.①王… Ⅲ.①教育管理—研究 Ⅳ.①G40-058

中国国家版本馆CIP数据核字(2024)第092243号

---

**情义文化的力量:我的教育管理之路**　　　　　　　　　　王守江◎著

责任编辑:刘　翠　　　　　　责任校对:阎　娟
装帧设计:王晴晴　汤彬彬　　责任印制:桑国磊
出版发行:安徽师范大学出版社
　　　　　芜湖市北京中路2号安徽师范大学赭山校区
网　　址:https://press.ahnu.edu.cn
发 行 部:0553-3883578　5910327　5910310(传真)
印　　刷:苏州市古得堡数码印刷有限公司
版　　次:2024年9月第1版
印　　次:2024年9月第1次印刷
规　　格:700 mm×1000 mm　1/16
印　　张:12.75
字　　数:188千字
书　　号:978-7-5676-6767-9
定　　价:48.00元

凡发现图书有质量问题,请与我社联系(联系电话:0553-5910315)

# 目　录

# 绪　论

## 一、情义文化建设的研究背景

### （一）学校文化建设的需要

文化就是力量，校园文化力量之强大，影响之深远，难以估计。校园文化需要构建、提炼、升华；校园文化需要传承、发扬光大。

学校的发展，说到底是学校文化的发展。学校要通过对原有的学校文化的诊断、反思和重建，激活学校文化创新的内驱力、凝聚力和创造力，为课程改革创设良好的物质、制度等文化环境，从而不断促进学校的内涵发展，提升学校的育人水平。

### （二）特色学校建设的需要

创建特色学校既是社会发展对学校的外部要求，也是学校自我发展的理想追求。特色学校不是随意的自我标榜，不是乱贴的时尚标签。一所有特色的学校一定有自己特色鲜明的办学理念。它凝聚了这所学校在文化品位和人才培养等方面的特色。全新的办学理念就是创建特色学校的行动指南。

### （三）学校教育发展的期盼

学校要有自己的个性特色，有自己独特的文化。没有哪两所学校的历史完全相同，不同学校所沉淀下来的文化也各有不同；不同学校的管理风格、校本课程、综合实践活动、学生社团活动等，都有很大的差别。

每所学校都有自己积累的文化，每所学校也都有自己期盼的文化。情义文化的最终目标是成就师生的主体人格，让师生做有情义的合格的社会建设人才，促进师生的自主发展、个性发展、全面发展，达到立德树人的最终目标，从而实现学校的特色发展、个性发展、优质发展。

## 二、情义文化建设的元素符号

### （一）先进的办学理念

办学理念是一个学校的灵魂，体现了学校的个性与特色。它是践行教育哲学，为了实现学校教育的根本追求提出的，统率和指导学校教育工作的思想和观念。办学理念沉淀了学校的历史传统，反映了学校的社区背景，以及校长和广大教师共同追求的一整套教育思想体系的内核。从一定意义上讲，办学理念是学校发展的灵魂和命脉，是学校成功办学的关键所在。办学理念是学校教育工作者立足学校实际，尊重学生身心发展特点，遵循教育规律，总结成功办学经验提炼而成的，是一所学校对教育本质认识的集中体现，是对教育理想的终极追求。办学理念是建立在对教育规律和时代特征深刻认识基础之上的，它必须回答"学校是什么""学校具有什么使命""学校发挥什么作用"等一些基本问题，体现的是学校的办学之道、教学之道、管理之道。先进的办学理念是指导全体师生前进的航标。要使全体师生心往一处想，劲往一处使，创建特色学校，其灵魂与核心是学校独具特色的办学理念。

从某种意义上说，特色学校就是将特色办学理念付诸实践，转化为办学行为的结果。特色的办学理念不是凭灵感爆发，或者靠"拍脑袋"而能提出来的。

### （二）先进办学理念下的"三风一训"

"三风"是指学校的校风、教风和学风。校风是校园中大多数成员的思想观念、意志情操、言行举止的一种共同倾向或表现，是一所学校所特有的占主导地位的行为习惯和群体风尚，体现为一种独特心理环境，稳定且具有导向性。教风在校风形成过程中是起主导作用的。教风和学风关系密切，从根本上说，教风是居主导地位的。教风正，学风才可能正；教风不正，就很难形成良好的学风。

"一训"是指校训。校训，就是学校的训导词，是广大师生共同遵守的基本行为准则与道德规范，是人文精神的高度凝练和学校历史与文化的积淀。校训既是学校办学理念、特色、风格与治校精神的集中反映，也是文化建设的重要内容。校训具有精神性、训导性、稳定性、独特性等特点。好的校训，容易让师生践行，甚至会成为师生一生行为处世的准则。校训的确立绝不仅仅是有几个字及有关解读，更重要的是要体现在教育教学实践和师生道德行为习惯的养成及行动效果上。校训是全校所有人的共同的精神追求。

### （三）先进办学理念下的环境建设

人创造环境，同样环境也在创造人。学校环境应根据学校实际和情义文化建设的要求做到绿化、美化，高雅和谐，使之满足师生的享受需求。校园环境要体现学校办学理念，让每一个角落都具有丰富的教育内涵，让学生在环境中体验受教育的幸福快乐。

## 三、情义文化建设的策略

### （一）提炼理念文化，构建情义文化建设的共同愿景

"情义"是人情与义理，真情与道义的意思，是亲属、朋友之间应有的感情。"情"既是人与人之间的感情，更是学校管理人性化的体现。"义"既是学校、教师、家长三方应有的担当与责任，也是学校柔性化管理的体现。

山东人有情有义，重情义是对山东人最高的评价。有情有义源于彼此的信任，有情有义体现了山东人的真诚和友善。齐鲁大地是文明之邦，山东人的这种重情重义、团结担当的品质深深地影响了一代又一代人，形成了一种厚重的文化。

青驼镇，隶属于山东省临沂市沂南县，地处沂南县西南部，南接临沂市兰山区，西南接费县，行政区域面积138.53平方千米。地处蒙河岸边的青驼镇初级中学（下文简称"青驼中学"）始建于1955年，1956年招生。长期以来，当地基础教育比较薄弱，一些学生行为习惯差、难于管理，部分教师积极性不高，升学率一直不理想。2016年，笔者到任后，经过充分

调研，反复酝酿，提出了"情义文化"的办学理念，这一理念得到了很多教师和家长的一致认同。情义文化源于沂南县教研室提出的"126课堂实践策略"（下文简称"126策略"）和"帮教育"。为了将情义文化的理念内化成学校广大教职工的主动行为，体现在教书育人的各个方面，学校首先提炼了自己的理念文化，将它作为践行情义文化理念的核心。在县教研室徐以山主任的帮助指导下，学校组织教师全员参与，上上下下几经讨论、反复提炼，确立了学校的各项文化理念和办学理念。

### （二）积淀教师文化，夯实情义文化建设的发展基础

学校要发展，教师是关键。同样，学校情义文化的建设关键在于教师的业务素质和业务能力的提升。为此，学校出台了《青驼中学教师情义修养十六条》。以此为依托，对教师的素养追求做了更细致的规范，主要包括以下五个方面。

其一，理想信念是方向。教师的首要素质必然是坚定的理想信念，只有在理想信念的指引下，教师才能良好发展，教育才能在正确轨道上发展。

其二，道德情操是核心。道德情操是教师的核心素养，教师具备了这种素养，才能真正担当起立德树人的职责。

其三，扎实学识是基础。教师是靠学识影响学生的，课堂传道授业、课下答疑、课后辅导都需要教师具有真才实学。

其四，仁爱之心是方式。教师应以爱的方式、尊重平等的方式对待学生。爱表现为责任，爱的方式表现为尊重、平等、理解、包容。贯穿于其中的便是情义，因为只有有情义的教师才能教出有情义的学生。

其五，创新意识是动力。创新是促进教师成长发展、推进教育变革、推动社会进步的重要力量。

围绕以上五个方面的素养要求，学校下大力气加强教师思想道德建设

和业务培训，培根聚魂，全力打造一支师德高尚、业务精湛、适应素质教育需求的有情有义的优秀教师群体。

### （三）培育学生文化，搭建情义文化建设的展示平台

多年来，青驼中学尊重学生身心成长规律，围绕学生素质的全面提高，以《沂南县青驼中学学生情义素养十六条》为核心，以"126策略"为主阵地，以课程文化为依托，以环境文化为载体，以家校共建为平台，积极培育优良的学生文化，积极开展学生文化建设，为学生全面发展、特色发展提供了广阔、多元的空间。

### （四）构建课程文化，培育情义文化建设的坚实基地

学校的办学理念和特色，主要是依靠课程来实现的。课程是学校培养人的重要载体，是实施素质教育的突破口。

青驼中学高度重视校本课程和选修课的开发、实施与评价，成立了"学校课程开发研究委员会"，建立了学校、教导处、教研组与年级组四级课程管理网络，促进选修课和活动课不断向系统化、规范化、个性化的校本课程发展，积极建设课程文化。近年来，学校在开足、开齐国家和地方课程的基础上，组织骨干力量编写了一系列富有地域特色的校本课程，丰富了自己的课程文化，形成了基础性、开放性、实用性、多样性的校本课程体系，为情义文化建设搭建了坚实基地。

课程改革是一项深层次、整体性、全方位的改革，实质上是课程文化的变革，课程文化的变革需要与之相应的学校文化的统领与支撑。从某种意义上说，课程改革的过程既是学校文化转型的过程，也是对旧的学校管理制度和管理方式进行改造的过程。加强学校文化建设，促进学校文化全面变革，形成适应、支持新课程改革的先进学校文化，确立现代学校的核

心办学理念，是牢牢把握学校改革的大方向，把课程改革不断推向深入，实现学校内涵发展、科学发展的重要保障。

## （五）营造校园环境文化，共创情义文化的和谐乐园

校园环境文化建设包括物质环境建设和人文环境建设，即内环境和外环境、硬环境和软环境的建设。

### 1.物质环境建设

学校以情义文化的建设为依托，加大投入，进一步抓好学校的整体布局，包括学校建筑、绿化以及景观。学校建筑、学校的景致、学校的空间和内在设施以及布局装饰一直被称为"第三位老师"。学校建筑既要有满足日常教学、科研、学习、生活需要的基本功能，同时又要符合审美需求。因此，学校建筑既要实用，又要美观。其实，学校的建筑物也是很好的教育资源，必须设计好、建造好、利用好。

### 2.人文环境建设

校园人文环境是区别于校园硬环境的一种软环境，它的作用对象主要是学生。在学校教育中，我们必须重视人文环境建设。学校人文环境的建设主要包括以下几个方面。

一是人际关系建设。和谐的校园人际关系应该是"情义型"的人际关系，具体包括：教师之间，要团结互助，相互欣赏、相互交流、相互尊重；教师与学生之间，教师要信任每一位学生，关爱每一位学生，平等对待每一位学生，学生要理解、尊敬并热爱老师；学生与学生之间，要团结友爱，相互帮助、相互体贴、相互信任；教师与学校领导之间，要相互理解、相互支持、顾全大局，共同努力办好学校；教师与学生家长之间，要彼此尊重和信任，共同努力教育好学生。

二是制度环境建设。没有好的制度，再好的理念也会落空。科学管用的学校制度是有效实施情义文化理念的根本保障。在拟定制度条款和实施

的过程中，必须凸显人本理念和人文关怀，贯彻尊重人格、体察人情、凝聚人心的原则，坚持正面引导，坚持典型示范，坚持全面激励，坚持纵向比照，从而建设一个以人为本、有情有义的和谐新校园，并使之成为师生们深深爱恋的地方。

三是师德师风建设。师德师风是学校文化的重要组成部分，也影响和左右着学校文化的发展。教师的人格在学生的道德行为养成中具有广泛深远的影响，不仅能激发学生积极向上的感情，具有很强的感召力，而且在学生之后的人生中，会起到持续不断的激励作用。教师只有品德高尚才能引领学生健康成长，也才能使学校得到健康发展。因此，抓师德，铸师魂，是学校文化建设的首要任务。

总之，校园人文环境建设是学校工作的重要组成部分，校园人文环境是学校实施素质教育的有效载体。

# 第一章 理念情义文化建设

学校文化是一种持续的教育力量，是学校发展的永恒力量，是学校的生命和灵魂。

## 第一节 学校文化建设

### 一、转变观念，唤醒文化创新的情怀

自从2001年国家启动新课程改革以来，学校文化建设被列入发展议程，由最初追求规模与效益的最大化，逐步转向走质量提升与内涵发展的道路，呈现出新的发展生机，取得了一定的成效。但青驼中学的文化基础相对薄弱，封闭的、不和谐的发展环境，以及落后的管理水平等都影响和制约了学校文化建设的发展。《山东省中长期教育改革和发展规划纲要（2011—2022年）》指出："加强校风、教风、学风建设，形成积极向上、

充满活力的齐鲁校园文化。"国家和山东省的要求，为学校文化建设指明了方向。

## 二、系统分析，正视学校发展的瓶颈

笔者通过外出学习、问卷调研、专家指导等方式对青驼中学的办学情况进行认真研究分析，发现了学校面临的困境。

### （一）价值追求功利化

学校缺乏核心教育价值观的引领，未形成统领学校发展的价值理念体系，办学方向与育人目标不明确，甚至把考试成绩作为学校价值的核心，偏离了国家教育方针和课程改革的要求。

### （二）文化内容浅表化

学校还没有形成系统的办学理念，教师、学生和家长对学校办学理念的理解力和认同度较低，办学理念不能内化为学校全体教职工和家长的精神认知。学校没有根据办学理念和育人目标组织管理和活动，运行机制不够科学，执行力不强，致使育人目标得不到有效落实。学校满足于打造表面化文化、口号式文化，缺乏内涵性、深层次的思考凝练与理性阐释，办学尚未融入师生教与学的行为之中；缺少文化生成性过程和原则性内容，不能呈现学校历史积淀与特色，存在"拿来主义"、简单拼凑、"装门面"的现象。

## （三）制度文化片面化

管理者的办学理念、管理理念仍是学校发展的瓶颈，学校还处于经验式管理和强制化管理状态，缺乏人本化管理和民主化管理理念。"以教师发展为本、学生发展为本、学校发展为本"的教育理念、管理理念还没有真正落地生根，还需要在实践中不断加以深化。对"以人为本""以学生为中心"这一教育基本准则的认识还很肤浅。管理者缺乏"服务意识"，"官本位"思想较重，管理手段单一，"人治"意识过重。专业引领的知识和能力缺乏，难以满足教师专业发展需求；民主管理意识淡薄，难以建设和谐的管理运行机制和有效的评价与激励机制。"关门办学"倾向严重，教师不能走出去学习，学生社会实践缺乏，社会支持办学力量缺失。

## （四）行为文化粗放化

学校行为文化缺乏高雅的文化品位，教育的人文性、民主性、开放性、独特性体现不够，干群、师生之间存在不协调、不和谐因素。"教育就是服务，管理就是服务"的管理理念未能得到很好落实，没有建立起"制度、人文、情感"三位一体的管理模式。教师的教学心态不平衡，教育思想与行为不符合素质教育的需求，学生良好行为的培养得不到有效落实。学校对师生自主学习的文化作用认识不够，师生共同构建学校文化的主人翁作用未能得到很好发挥。

## （五）环境文化缺失化

学校办学条件、学习环境还不能满足课程改革的要求，专项活动场所缺乏，人文环境较差。学校基础设施缺乏、经费投入不足、周边环境较差、师资和生源水平低、家庭教育缺位；教育信息技术的硬件和校园网建设不达标；图书室图书长期无人借阅，阅览室仅是摆设。

## 三、深度变革，聚焦学校文化突围

经过以上系统分析，大家一致认为影响学校发展的主要原因有五个：一是教育核心价值观念弱化，功利主义严重；二是课程改革缺乏文化统领，方向不明；三是现代学校制度建设启动缓慢，学校管理的民主与人本意识薄弱；四是师生生活幸福指数低，改革动力不足；五是学校环境文化单调，缺乏特色和更多的人文关怀。

为了统一全校教职工的思想认识，学校邀请市县专家组与学校领导就以上问题进行了面对面的分析与交流，并达成共识。大家一致认为：学校要发展，必须突破文化建设瓶颈，明确学校文化建设方向，增强文化创新的内在动力和紧迫性，全面实施学校文化重建战略。

学校通过开展以教育思想大讨论为主题的"头脑风暴"，与专家团队共同梳理学校优势与优秀文化传统，明确发展主题，确立办学方向和育人目标，对学校办学理念的战略性、方向性、科学性、独特性，以及在学校文化发展中的支撑性、可行性作用进行了充分论证。通过广泛征求教师、学生、家长等各方意见，反复讨论，确立了学校的文化理念和办学理念，并制定了学校三年发展规划，勾画了学校发展的蓝图，迈出了学校文化建设的新步伐。

## 四、解读内涵，达成思想共识

为了帮助教职工对学校文化理念和办学理念有更清楚的认识和理解，

学校对文化理念和办学理念作了详细的内涵阐释。

## （一）校徽的内涵阐释

在蒙河岸边，有一所培育祖国未来的美丽校园——沂南县青驼镇初级中学。校徽中的"驼"形即"山"的字底；上边的书为山的竖笔；旁边的太阳象征祖国的未来——学生；下边的灰色的底即学校南边贯穿青驼镇的蒙河。

## （二）特色品牌情义文化的内涵阐释

情义文化的核心要素：党性铸就"四有"好老师，情义培育合格中学生。

党的宗旨是全心全意为人民服务。对于教师来说，就是要做有理想信念、有道德情操、有扎实学识、有仁爱之心的"四有"好老师。有理想信念即忠诚人民教育事业，全面贯彻党和国家的教育方针、政策，牢固树立正确的世界观、人生观、价值观和事业观，自觉遵守法律法规，做知法守法的楷模，自觉践行社会主义核心价值观，以坚定的理想信念引领学生的健康成长，为党和人民培养社会主义事业建设者和接班人。有道德情操即为人师表，教书育人，牢记教师的职业特性，不断加强自我修养，努力提升自身道德情操和人格品质，做"以德施教、以德立身"的楷模，引导、帮助青少年学生养成良好的道德品质，自觉增强职业认可、职业自信、职业自律，志存高远，甘于奉献，做一个道德高尚、品位高雅的人。有扎实学识即崇尚科学，树立终身学习的理念，始终站在知识发展的前沿，努力拓宽知识视野，更新知识结构，不断提高自身教育教学能力，以渊博的学识启发学生，引领学生，激发学生的探索精神和创新精神，努力做一个专业、博学、智慧型的老师。有仁爱之心即牢牢树立"大爱"理念，爱岗位、爱学生、爱一切美好的事物，尊重学生人格，严慈相济，诲人不倦，关心学生的身心健康和人身安全，胸怀真善美，做学生的良师益友。教师只有具有"党性"，坚持"党性"，以"党性"的原则要求自己，以"四有"好老师的标准要求自己，才能成为有情义的教师，才能成为好老师，才能培养出德智体美劳全面发展的合格中学生。

### （三）学校愿景"情义氤氲　生命润泽"的内涵解读

氤氲，形容烟或云气浓郁。氤字中的"气"指"混沌之气"，"因"指"承袭发展"，"气"与"因"联合起来表示"混沌之气飘荡聚合，轻扬者化为天，重浊者化为地的变化过程"。"氲"意为"温热水汽"，是说"混沌之气"具有湿热特性。因为古宇宙创生理论是古越族的观点，所以古越族用他们经常看到的夏季台风的形成过程来说明天地的形成过程。因强烈日照海面上水温升高而造成大量海水蒸腾，形成散漫的温热雾团。随后在地球自转的偏转力作用下，无数个温热雾团开始同向旋转，形成一个整体，即台风。台风越长越高，旋转越来越快，最终在高离心力作用下，其轻扬成分上升形成天，其重浊成分下降成为地。唐代张九龄《湖口望庐山瀑布泉》诗云："灵山多秀色，空水共氤氲。""情义氤氲"中的"氤氲"是"充满"的意思。

"润泽"，意思是雨露滋润，不干枯，出自《西游记》第三十七回"鬼王夜谒唐三藏，悟空神化引婴儿"：唐僧入夜梦到一人前来，自称是乌鸡国国王，自述五年前国家干旱、民不聊生，后来来了一个全真道士，祈风求雨，便与道士结拜。其中有一句话："寡人只望三尺雨足矣，他说久旱不能润泽，又多下了二寸。""生命润泽"中的"润泽"是雨露滋润的意思。

学校愿景是让情义充满校园，让生命在情义中享受雨露滋润。

## （四）教风"以情动其心 以义导其行"的内涵解读

"以情动其心。"近代教育家夏丏尊先生说过：教育上的水是什么？就是情，就是爱。教育没有了情爱，就成了无水的池，任你四方形也罢，圆形也罢，总逃不了一个空虚。当爱成为一种习惯，冷漠就不会再自私贪婪地在阳光下潜行，关爱和感动就会像母亲的乳汁一样把那些日渐干枯的心灵滋养得鲜活，充满灵性。要做到热爱学生，还要平等对待每一位学生。平等地对待学生实际上就是要树立正确的师生观。平等地对待学生，一是要平等、公正地对待所有学生，尊重每一位学生。二是关爱全体学生，一视同仁。教师对每位学生的态度要保持一致，要像一座天平，不偏不倚。三是实事求是，赏罚分明。教师要认真对待学生的每个行为，做出公正的评价，应对事不对人，不带偏见。四是长善救失，因材施教。教师要给每个学生以同样的发展机会。五是面向全体学生，点面结合。教师要在个别教学和集体教育中做到教育公正。

"以义导其行。"学生的心田是一块神奇的土地，播下思想的种子，就会获得行为的收获；播下习惯的种子，就会获得品德的收获；播下品德的种子，就会获得命运的收获；播下"义"的种子，就会获得情谊的收获。学生良好行为习惯的养成，需要教师"身正为范"，需要教师利用威信、道德、学识、奉献等为学生树立"义"的榜样，要学生做到的首先必须自己做到。每个老师的人格时时刻刻都在给学生立榜样，从而影响着学生的行为习惯。

## （五）校训"互助共勉 携手并进"的内涵阐释

"互助共勉。""互助"的含义：自然法则的一种，是描述一种通过合作双方都获得利益的生物关系。互助的引证解释：互相帮助。"互助"除有"互相帮助"的含义外，其深刻的内涵实质是爱心。爱心是美德的种子，是一种充满人情味的社会温情，是对他人的同情、关注和给予，是人的德性、良知和教养的体现，是社会稳定的人性基础。付出爱心的回报就是得到别人的爱。"共勉"：共同努力，互相勉励、互相支持。在遇到难事的时候，不畏惧困难，大家一起面对，一起想出解决的办法。

"携手并进。""携手"的含义包括：①手拉着手。《诗经·邶风·北风》："惠而好我，携手同行。"②形容齐心。《孙子兵法·九地篇》："故善用兵者，携手若使一人，不得已也。"③指共同奋斗，联合。鲁迅赠许广平："十年携手共艰危，以沫相濡亦可哀。""并进"的含义包括：①一起行进；一并前进。《墨子·备梯》："军卒并进，云梯既施，攻备已具，武士又多，争上吾城，为之奈何？"②同时进用。《晏子春秋·内篇·问下》："强不暴弱，贵不凌贱，富不傲贫；百姓并进，有司不侵，民和政平。"

## （六）校风"人人为我　我为人人"的内涵阐释

"人人为我，我为人人"最早出现在19世纪法国作家大仲马《三个火枪手》（又译作《三剑客》或《三铳士》）中，英文原句是：All for One, One for All"，译为"人人为我，我为人人"或"大家为一人，一人为大家"。"人人为我，我为人人"意为在社会生活中，许多人都为"我"服务，因此"我"也应该尽力为他人服务。这是社会生活中人们应当遵循的道德准则。人是群居动物，每一个人的能力都是有限的，根本无法兼顾每一件事，也无法通晓每一种学问。因此，我们常常需要他人的帮助。当然，帮助别人并不是一种交易，你不能期待你帮助别人"半斤"，别人就要帮你"八两"。"人人为我"说的是每个人心中都要有他人，要有社会责任感，要用实际行动为大家着想，如果大家都这么做，就必然会换来"我为人人"的结果。

## （七）学风"自主合作　互助交流"的内涵阐释

"自主。""自"是汉字的一个部首，本义：鼻子。古人用鼻子来表示"自己"的意思。人们在说"自己"时往往会指着自己的鼻子，现在也有很多人有这种习惯，因此"自"字就自然地成为本人的代称了。所以"自"指本人、自我、内在。主的本义：灯芯。主即镫（锭中置烛，谓之镫）中火主也，其形甚微而明照一室。引申义：人的主心骨、主见、主宰、决断。自主的"主"意为主见、决断、主动、主导。初中生的自主意识和自主性水平正处于初级水平，通过跟踪观察和调查问卷来看，一是产生了"成人感"，一反过去事事都依附教师和家长的心态，开始谋求自己的独立自主地位。二是初中生有强烈的自主愿望，尤其对自主制订学习计划、自主安排学习任务、自主选择学习内容、自主探究知识都表现出强烈意愿。三是初中生的自主能力、自主水平又有欠缺，必须借助外力加以引导，从而实现真正意义上的自主。

"合作"：指共同创作；共同从事；两人或多人一起工作以达到共同目的；联合作战或操作。"自主合作"在这里主要指新课程改革所倡导的课堂教学中的"自主"。教师在引导学生合作学习的过程中，要为学生搭建合作学习的平台，切实注重合作学习的实效性。搭建合作学习的平台需要注意以下几点。一是了解合作学习具备的要素。合作学习需要一定的条件，包括人员构成，学习基础状况，合作完成的项目，在共同完成任务中个人所需要承担的责任，合作需要达成的目标等。二是教师在搭建合作学习平台中的作用。合作学习也离不开教师的必要指导，没有教师的及时指导，有些合作就很难进行下去。在小组学习中，教师不但是组织者、指导者、管理者，还是倾听者、鼓励者。教师坚决不能做旁观者。教师要时刻注意学生合作学习的效果、出现的一些问题，及时做出有关的策略调整。三是合作学习教学中的教师技能。学生合作学习对教师的教学技能提出了更高的要求。教师要培养学生合作的兴趣，引导学生学会讨论，引导学生在合作学习中友善互助，引导学生学习合作技巧等。

"互助交流"：指在合作学习中，学生要自觉地进行沟通，交换看法、观点。互助交流要求不保守、不自私、不歧视，这是合作的前提；要求相互信任、相互合作，通过真诚的交流，每一个人都有一定的突破，有一定的收获。合作交流的过程应该是一个坦诚交换的过程，是一个友好相处的过程，是一个幸福感满满的过程。学生在交流的过程中，要善于倾听，善于思考，善于借鉴，善于提升。互帮、互助、团结、协作，共同提高，这是合作学习的本质，也是"互助交流"的本质。

## （八）校园誓词"秉义担责　立己达人"的内涵阐释

"秉义担责。""秉"字的本义指手拿着一把庄稼，又由手拿一把庄稼引申为拿着，如秉持、秉烛。又引申为主持，如秉公办事。又引申为承受、接受，如秉承。"秉义"是主持正义、坚持正义、坚持道义的意思。"担"是担当，"责"是责任。"担责"就是担当责任的意思。责任重于泰山。三分能力、七分责任，责任比能力更重要。不担当责任等于没有责任。中华民族是一个伟大的民族、优秀的民族，同时也是一个勇于担当责任的民族。中华民族要自立于世界民族之林，要生生不息地繁衍下去，就要求每一个中国人都要勇于担当。

"立己达人"语出《论语·雍也》。"己欲立而立人，己欲达而达人"是孔子的一个重要思想，也是实行"仁"的重要原则。"立己"是指加强自我修养，自强自立，使自己品德高尚、事业有成；"达人"是指要关爱他人、回报社会。"立己达人"符合中国知识分子修身、齐家、治国、平天下的传统美德，是崇高的人生境界，也是庄严的社会责任。"立己达人"是对人格的期望，对责任的要求，也是对自我与他人、个人成才与回报社会相互关系的辩证阐述。

一所学校如果没有形成积极向上的学校文化，就难以形成核心竞争力。学校文化在学校发展中具有无可替代的作用。打造学校自主发展的精神高地是深化课程改革的关键。

# 第二节　理念文化建设

## 一、回归教育本质，重塑学校精神文化

### （一）学校精神文化及其价值

精神文化是一个相对稳定的系统，核心的东西可能几十年乃至上百年不变。创建良好的学校精神文化是提高学校整体办学水平和教育教学质量的重要途径。一所学校办学品位的高低，精神文化是集中体现。学校精神文化也被称为办学理念体系，是学校文化的价值链条。办好一所学校，需要强烈的规划意识与设计能力，有明确的发展定位和发展路径，说到底，要有鲜明清晰的核心价值理念及办学理念体系作为支撑。

加快构建具有中国特色、体现时代精神的学校教育核心价值观及理念体系，发挥学校文化的引领作用，是学校文化创新的根本所在。在学校文化的整体结构中，精神文化起着关键作用。精神文化的内涵浸透和附着在学校各种文化载体及行为主体身上，使人时刻切实感受到它的存在，以及其透射出来的独特感染力、凝聚力和震撼力。

## （二）学校精神文化的建设

### 1.学校价值观的作用

学校价值观是一种整体的价值观。学校价值观常常对学校的教育教学行为产生重大影响，决定着学校的基本格调和整体面貌，左右着学校教育活动的发展方向。

### 2.学校精神文化的培育

具体来说，学校精神文化的培育要做到以下几点。

第一，精心设计学校标志。学校标志是学校精神文化的外在集中反映，是学校精神文化建设的灵魂。因此，无论是校徽的制作、校训的确定、校歌的创作，还是校刊的编辑、校服的设计、教室宿舍的布置，都要精心设计，充分体现学校精神文化。

第二，注重有效性，切忌表象化。如果只注重表象化的东西，其效果也就只能是"说在嘴上、写在纸上、贴在墙上"，根本起不到培育学校精神文化的作用，应该坚决杜绝。

第三，重视整体性，切忌典型化。应该注意提高全体师生的个人素质，引导每一个人重视学校的整体形象和声誉，提高他们与外界沟通的能力，力劝他们接受社会公众的有效建议和善意批评，尽可能注意自己的形象。

第四，明确长期性，切忌简单化。应该坚持不懈地开展塑造学校精神文化的教育活动。从新生入学仪式，到树立学校榜样人物，从营造学校精神文化氛围，到举行毕业典礼……通过这些教育活动，将学校精神文化烙在学生的心灵深处。

### 3.教风、学风、校风的培育

教风、学风和校风对于学校精神文化的构建有举足轻重的作用。教风、学风和校风是校园文化建设的主要落脚点，良好的教风、学风和校风催人向上，不仅具有凝聚作用，还具有非强制性规范作用。

第一，形成敬业的教风。教师作为学校精神文化建设和发展的主要参与者，通过自身的作用，形成教师文化。

第二，培养勤奋的学风。学风是"三风"的核心，是一所学校的治学精神、治学态度和治学原则的体现。学习又是学生文化的核心。学校要创设良好的学习环境氛围，激励学生勤奋学习。学校的文化建设要围绕学生的学习来展开，为学生的学习提供帮助，或给予心理辅导。

第三，孕育文明的校风。学校只有不断地以高尚优秀的精神文化来引领师生思想，以科学规范的制度文化来规范师生行为，以优美高雅的环境文化来陶冶师生情操，才能使整个校园洋溢着学习的气息，文明的校风也就此形成。学校要着眼长远，坚持走内涵发展之路，努力建设一支高素质的优秀教师队伍。和谐的校园文化能推动学校向前发展，也能引领师生朝自己的理想迈进。

### 4.学校形象的塑造

学校形象是社会、家长等对学校的总体印象，是学校整体风貌与文明程度的综合体现，也是学校精神文化最直接的外在表现形式。学校形象代表的是一所学校的信誉、教育教学质量以及师生的素质。良好的学校形象能够使一所学校获得良好的社会效益和较高的社会认同度，最终收到社会效益转化而来的无形回报。另外，良好的学校形象还可以产生强烈的向心力，并给学校师生带来崇高的荣誉感，进而增强对人才的吸引力。学校形象可以通过学校的校风、校貌来展现，但学校形象建设不能停留在"酒香不怕巷子深"的观念上，要通过形象塑造与宣传，做到"酒香"与"知名"并举。知名度与美誉度是学校形象建设的追求目标。具体来说，在学校形象塑造中要考虑以下几方面的问题。

第一，注重学校形象设计。依据学校定位设计学校形象，主要内容包括学校理念形象设计、学校制度与行为形象设计，以及学校物质形象设计三方面，以此确立学校精神，树立学校理念，培育学校特色。

第二，注重学校形象宣传。一是通过工作制度、礼仪规定、庆典及娱乐活动等的执行，体现学校理念与精神价值。二是注重媒体宣传，充分利用各种媒体，如报刊、电台等宣传自己的成功经验和特色。三是通过师生的形象塑造和行为引导，在公众面前树立起良好的学校形象。四是以建筑、服饰、工作学习用品等物质载体展示学校的理念，实现学校形象的宣传。

第三，注重与家长、社区的沟通。学校特色形象的塑造、学校品牌的打造，需要社会各界包括家长和社区的支持与参与。学校可以通过创办、编印家教刊物，建立学校网站，开展社区活动等形式，广泛宣传学校的特色。此外，学校还可以争取家长与社区在精神与物质上的支持。

## 二、革新制度文化，改善学校管理

### （一）学校制度文化及其价值

制度是指用来指导和约束、规范人类言行的社会规定、法律规章的总称，是规范了的秩序。制度是文化的保障，完善的制度与运行机制是文化践行的根本保证；制度是质量的关键，一流的教育质量要有一流的管理制度；制度是改革的方向，从经验管理到科学管理，进而走向文化管理，是学校管理改革的必然方向；制度是学校教育有章、有序、有效的保障，先有制度的强化，而后才有文化的融化，完善的制度与运行机制是一种无形的文化。

### （二）学校制度文化的建设

在多元文化背景中建设学校制度文化，首先要树立正确的指导思想。一是学校制度文化建设要更自觉地研究当代中国的社会变迁，即文化多元的存在，还要认识到这种学校制度文化建设是在中国传统文化的基础之上进行的。二是注意学校制度文化建设的独特性，这种独特性是指它不同于政治学经济学中的制度文化建设，这种制度文化建设要牢牢把握教育本质，坚持教育的价值取向。三是学校制度文化建设要关注学生、关注生命，要探讨学生生命价值的实现需要什么样的制度文化。只有在把握住了这些关键的基础上来建设学校制度文化，才能不失去它的内在本质，才能摆脱无生命的桎梏，使制度文化走向民主化，走向人性化。具体可以从以下几点来进行。

第一，发挥学校制度的隐性功能。学校制度文化作为隐性课程的一部分，对学生的发展起到不容忽视的作用，因此在学校制度文化建设的实践中应借鉴隐性课程实现的机制为学生发展服务。

第二，运用科学的管理手段。管理制度实质上就是学校人本化和科学化相结合的价值体系的外在表现形式，它能够使全校教职工的职业观、价值观得到统一，使每一位教职工的工作任务和岗位职责在时间上和空间上得到落实，有效地提高工作效率。

第三，注重方法实效，发挥整体效能。学校制度文化具有规范性特点，给人以简单、生硬的感觉，只注重制度文化的静态执行不免有僵化之嫌，执行对象的灵活性要求在执行过程中既讲求原则又不乏人情味，在动态执行过程中增进执行主体与被执行者的交流，进而增进理解。

第四，建立学校开放制度，整合社区教育资源。整合社区教育资源，发挥家长作用，使学校的单一教育变为多方助力教育。组建校、级、班三级家长委员会，努力提高广大家长的家庭教育能力，举办教学开放日，邀请家长参与学校重大决策，推动学校和谐发展，积极建立"家校通"教育电子平台，实现家校沟通信息化、制度化。建立家长评价教师制度，自觉接受社会各方面的监督。办好家长学校，唤醒家长育人意识。加强学校与社区的交流合作，引导社区及有关专业人士参加课程建设及有关的教育教学活动，积极打造健康向上、宽松和谐的社区教育环境。

## 三、优化环境文化，创建师生生命殿堂

学校环境一般是指影响学校生存和发展的各种物质条件和精神因素的总和。学校环境有微观说与宏观说之分。美国教育家杜威指出：学校是一种特殊的环境，其特殊性就在于它是一个简化、净化、平衡化、精神化、以人为中心的环境。这种环境不仅表现在物质上，还表现在精神上。这是一种相对微观的解读。宏观的解读，不只局限于学校内部，还包括学校周边的历史文化环境、社会治安环境、经济发展环境，当地群众的尊师重教传统，以及国家的政治经济改革背景、教育改革发展背景等多个方面。

学校发展，说到底是人的发展，是通过以校长为首的教育教学队伍的健康发展，去实现每个学生的和谐发展，从而推动学校的全面发展。学校发展环境，就内部来讲，是指与教育、教学活动密切相关的人、财、物等物质环境与精神环境；就外部来讲，是指学校所赖以生存、发展的支持环境，包括国家教育政策环境、社会经济环境、社区历史文化环境、社会治安环境及学校间的竞争环境等。环境塑造人，优美的校园环境及校外良好的社会大环境对于学校的发展有着不可估量的作用，是办好学校的基础和保障。

中国古代教育家孔子和孟子都十分注重环境对人的影响，是环境育人的倡导者、实践者。《论语·述而》中说："志于道，据于德，依于仁，游于艺。"孔子教育学生以道为志向，以德为根据，以仁为凭借，以"六艺"为手段，让弟子在礼、乐、射、御、书、数的具体活动中，学习知识，培养能力，增长才干。孔子反对关起门来办学，鼓励学生"游学四方"，让学生直接了解社会、参与社会实践。孔子的教育观是着眼于人的全面发展的，是全方位的、多元化的，也是根据每个人的不同特点因材施教、彰显个性化的，在今天看来仍具有一定的合理性，堪为环境育人、全方位育人、特色化育人的典范。

我国近代教育家陶行知先生创立了"生活教育"理论，提出了"社会即学校""生活即教育"的观点，其实质是使教育与生活和社会实践紧密联系起来，充分体现了社会环境在教育中的特殊地位和重要作用。学校是师生工作、学习的主要场所。幽雅舒适、清新优美的校园环境及安全和谐、有利于学生社会实践的学校外部发展环境，是学校文化建设的载体，可以起到启迪思想、陶冶情操的作用。

山东省政府在推进平安和谐校园建设，开展丰富多彩的校园文化活动，形成良好的人文环境，维护未成年人合法权益，净化学校及周边环境，动员全社会进一步支持教育事业，共同推进教育事业科学发展，形成共同参与和以规划办事的良好社会氛围等方面作了具体规定。学校的发展环境越来越受到党和政府以及全社会的重视，各级各类学校的面貌正在得到不同程度的改善。

## （一）强化文化规划意识，统筹环境文化建设

学校要按照整体性、形象性、独特性、人文性的校园规划原则，制定学校环境文化建设规划，努力做到校园建筑美与景观美和谐相映，自然景观美与人文景观美融于一体，师生行为美与环境文化美"美美与共"；把学校打造成具有丰富教育内涵、充满无穷智慧、具有持久教育魅力的无声的校本课程；加大文化设施建设投资力度，大力增设人文、传媒设施，打造校园景观文化，设立文化走廊、绿色长廊，丰富校园文化建设的内涵，让校园的一草一木都成为教育的一部分，努力发挥校园环境作为学生思想道德建设有效载体的积极作用。

环境文化建设在于构筑一个博大的精神家园，积淀文化底蕴，提升文化品位，形成环境育人的良好氛围。人创造、美化了环境，环境影响、成就了人。优美的育人环境可以起到潜移默化、润物无声的特殊作用。

## （二）加强文化阵地建设，优化环境文化氛围

校园是师生工作、学习、生活的场所，是师生精神文化、行为文化展现的阵地。学校环境文化包括静态的物质环境文化和动态的人文环境文化。学校在大力美化物质环境的同时，要努力办好图书馆、科技馆、艺术馆等，充分发挥学校文化设施的育人作用。积极利用好宣传栏、校报、网站、广播、电子屏幕等，不断丰富校园文化内容。搞好宣传橱窗的美化工作，利用多种形式展示学生学习的成果，让学生在受到美的熏陶的同时，坚定文化自信。要有计划地设置各种专题教育专栏，丰富视觉内容，增强学生视觉文化的正能量。要办好广播站，丰富学校听觉文化，引领学校正确的舆论方向。要发挥校史展室、书画室、文化园的作用，激励全校师生积极向上，奋发进取。

学校环境文化既有硬性的显性的物质文化，也有软性的隐形的精神文化。从科学发展的视角看，两者都体现着"以人为本"的核心价值观，共同承载着学校文化的精神内核和对学校发展的理想追求。环境文化既是一种历史积淀，也是一种现实生活方式的再嫁接、再创造。教育是生命与生命的对话，是心灵与心灵的沟通。

## （三）突出环境文化特色，建设师生精神家园

环境文化建设应符合学校的培养目标。学校应该结合区位特点、历史传承和发展定位，凝练富有区域特点的校园环境文化。学校物质环境的美化，大到学校园区的规划，小到每一间宿舍、教室的布置，以及每一种花草树木的栽植，都对学生的心智起着启迪的作用，对学生的意志、性格和情感有着陶冶熏染、潜移默化的巨大力量。净化、绿化、美化、优化的校园环境，让师生感受到了美的氛围，接受了美的熏陶，养成了美的行为，

升华了美的境界。

学校环境文化建设不仅在于奠定物质基础、美化人文环境、陶冶学生情操，更重要的是构筑一个博大的精神家园，突显时代主旋律，积淀文化底蕴，提升文化品位，强化环境育人氛围，形成一种独特的、可持续的、不断创新的软实力，让师生在享受愉悦环境的同时，触景生情，因美生爱，因爱育德，自觉地去美化并创造环境，放飞自己的理想，产生强烈的求知欲望，展现自己的精神风貌，用实际行动为学校增光添彩。

## 四、坚持以文化人，创新行为文化

行为文化是学校师生在教育实践活动中产生的文化，是学校其他文化的实际体现和折射。行为文化通常将精神文化作为其准则来奉行。

行为文化最终应以和谐的学校人际关系为基本追求。学校人际关系对内包括学校领导与教职工之间的关系、教师与教师之间的关系、教师与学生之间的关系；对外还包括教师与家长的关系、学校与社会各有关部门的关系、学校与其他学校的关系等。良好的人际关系有助于广大师生密切合作，形成一个团结统一的集体，更好地发挥整体效应；有利于优化社会发展环境，形成全社会人人关心学校发展的良好氛围。学校的根本目的是育人，在这些关系中，最能体现学校文化特点的是师生之间的关系。

"文化的本质是'人化'，文化是人实践的产物。"行为文化是将学校的核心价值观念和道德规范转化为学校所有人员内心信念和行为准则的文化，主要通过全校师生的各种文化活动表现出来，是学校日常生活中最能直接感受的文化形态。

## （一）改变领导行为方式，构建民主科学的管理文化

校长文化是在学校文化生态中所折射出来的校长独有的精神追求和行为特征。校长的价值观念、职业理想、工作作风和自身行为等都自觉或不自觉地成为师生仿效的榜样，激发起师生对学校的信任感、归属感、荣誉感和自豪感，形成一股无形的精神力量。校长的行为方式主要指校长的领导风格、领导方式、工作方法，是校长独特的个人素质和领导魅力的具体体现。校长领导行为的改变，首先是领导观念的改变。改革管理行为方式，转变领导作风，变"管控""管理""领导"为"服务"，关键在于校长民主治校意识、以人为本观念的确立，在于校长领导境界和领导力的提升。让学校充满活力，让师生充满信仰，建设师生人生价值实现的生命乐园，应是每一位校长的不懈追求。

学校管理的最高境界是文化管理，表现为更加关注实践精神与行为引领。增强文化管理的"软实力"，是学校文化建设的真谛所在。学校文化管理贯穿于学校文化建设的全过程，是一个动态的系统管理工程。首先是对以学校核心价值观为主的精神文化的管理。其次是对行为、制度、环境文化的管理。学校文化建设的核心是关注人的发展，是对人的价值观念、思想认识的引领。学校要通过塑造共同的价值观、教育观、人才观，改变学生的思想行为，实现由"自然人"向"学校人"再到"社会人"的转变与发展。

领导行为的改变主要是确立人本性管理理念，实现人本性的情感管理，创立有效性激励制度与机制，创设人性化的工作环境，建立民主性行为方式，形成尊重师生个性人格的学校领导行为文化。

青驼中学改变领导管理方式，重视学生习惯的培养。学校按照养成教育"规范化、细目化、序列化"的要求，精心实施德育"八个一工程"（撑好一个支点，加强德育队伍建设；抓好一条主线，坚持常规教育；突出一个重点，强化养成教育；塑造一个亮点，深入开展感恩教育；营造一

种氛围，开展主题阅读活动；树好一面旗帜，加强校园文化建设；拓宽一个空间，形成家校共建和谐局面；深化一项改革，健全学生评价系统）。通过"四线两点式"德育系统的构建，让每一个教职工都进入德育网络，改善学校的德育环境。突出"每月一主题"实践活动，培养学生良好的学习习惯、生活习惯。全力落实"三心"教育："信心教育"——提振学生的学习士气；"静心教育"——夯实学生的学习基础；"责任心教育"——开阔学生的远大胸怀。做好学生潜能开发工作，大力推行学生综合素质提升策略的成功做法，落实"优生导师制""素质发展星定期评选制"等制度，利用好《"全员育人导师制+学习共同体"工作手册》，着力研究好学生的现状及其成因、学生的长处与不足、学生以后发展的重点和需要采取的措施，加强个性化辅导和学生学习兴趣、习惯的培养，分层次做好各类学生的素质提升工作，形成人人抓好德育工作的大格局。

## （二）改进工作方式，创设和谐团结的教师行为文化

教师行为文化是教师风采的集中展现，是学校一道亮丽的风景线，无时无刻不在影响每一个学生。

教师行为文化是在学校文化影响下形成的教师行为规范与活动方式，是教师行为方式的总和。教师行为方式的根本转变，是师生关系，特别是师生教学关系真正发生变化的试金石。教师不是教学的工具，学生也不是接收知识的容器。学生是活生生的生命，是学习的主体，是课堂的主人，教师的一切教育活动都是为学生的学习服务的。教师行为主要表现在教师的教学行为、研究行为、学习行为、日常生活行为等方面，而师生教学关系的改变，学生学习主体地位的真正落实，才是教师教学行为根本性转变的具体体现，是检验师生关系转变的标准。

教师是校本课程的开发者、实施者，也是课程的整合者。教师要积极参与学校课程的开发与整合，充分发挥自己的智慧，完成自己的课程改革

与施教任务。所谓师生教学关系的改变，是"以教为主"的传统教学关系向"以学为主"的新型教学关系的根本转变，是落实"以学生为中心"、大力提高学生的学习能力、培养学生的自主探究精神、全面提高教学质量的关键。师生教学关系未得到根本性改变，任何教学改革都是一句空话。

## （三）改进学习方式，创建自主向上的学生行为文化

学生行为文化是学生在学校一切教育教学活动中所表现出的特有的价值观念、思维方式、行为规范、生活模式等，是良好学风、校风形成的基石。

学校以抓好学生行为习惯的养成教育为切入点，深入开展文明行为习惯评比活动，特别重视和加强教室文化、宿舍文化的创建和评比，规范集体行为，提高个人素养，提升整体文明程度，形成环境育人、文化育人特色；加强学校社团建设，组建并不断扩大各类文化社团规模，创办各类文化校刊，提高师生文化品位；强化思想引领，组建各类师生学习型组织，深入开展读书活动，组织读书报告会、研讨会等，精心打造书香校园，提升学校书香文化的执行力，营造浓厚的文化氛围，促进学生主体人格的培育和生成，让优美的校园环境成为文明品行的培育基地。

习惯在于养成，教育就是培养习惯。要重视习惯养成，让教育回归学生的生活。行为源于生活，教育不能脱离生活实际。教育的最终目的在于让学生学会做人，学会做事。

**附：沂南县青驼中学学生情义素养十六条**

1. 爱党爱国爱人民。了解党史国情，珍视国家荣誉，热爱伟大祖国，热爱勤劳人民，热爱中国共产党。

2. 情义素养助成长。讲卫生守纪律，懂礼貌会学习，知廉耻存敬畏，学求真行自律。

3. 感情丰富洒真爱。左友情右友爱，真情守爱不止，付真情得真爱，

付真爱得真情。

4. 重义守信立根本。保持言行一致，不说谎不作弊，借东西及时还，做到知错就改。

5. 知行合一塑人才。未做事先做人，尚德修能强素质，扎扎实实干事，踏踏实实做人。

6. 秉义担当乐奉献。自己事自己做，家务事多担当，参与劳动实践，热心志愿服务。

7. 自强不息健身心。坚持锻炼身体，乐观开朗向上，不吸烟不喝酒，文明绿色上网。

8. 厚德载物扬美名。德行高承大事，存善心兴善事，说好话做好人，处处扬美名。

9. 互助共勉齐奋进。三人行必有师，勤讨论善互学，弃成见互合作，取人长补己短。

10. 好学多问肯钻研。上课专心听讲，积极发表见解，乐于科学探索，养成阅读习惯。

11. 明礼守法讲美德。遵守国法校纪，自觉礼让排队，保持公共卫生，爱护公共财物。

12. 孝亲尊师善待人。孝父母敬师长，爱集体助同学，虚心接受批评，学会合作共处。

13. 珍爱生命保安全。红灯停绿灯行，防溺水不玩火，会自护懂求救，坚决远离毒品。

14. 勤俭节约护家园。不比吃喝穿戴，爱惜花草树木，节粮节水节电，低碳环保生活。

15. 四个光源亮人生。感恩始于问候，文明始于微笑，智慧始于读书，梦想始于倾听。

16. 情义文化沃生命。重情义养人气，温处事养和气，讲责任养贤气，敢担当养浩气。

# 第二章　教师情义文化建设

## 第一节　教师行为文化建设

青驼中学依托情义文化建设从以下几个方面加强了教师行为文化建设，起到了良好的作用。

### （一）提高思想认识

学校把教师行为文化建设提到保障校园和谐稳定、促进学生身心健康发展的高度，并且对教师进行培训，把"爱生"的文化渗透到教师的教育教学行为当中，使"爱生"具体化。

### （二）制定教师行为规范

1.五要

①教师要在学校做到仪表端庄，着装整洁，语言规范，举止文雅，礼

貌待人。

②教师要对每一个学生有基本了解，能亲切、和蔼、平等地和学生交流。

③教师要让每一个学生接纳自己，积极取得学生的喜欢、亲近和信任。

④教师要对学生耐心施教、宽严适度、方法得当，精心实施有效教育。

⑤教师要主动与每一个学生家长建立良好的沟通，实现学校教育与家庭教育的紧密合作。

2.十不准

①不准体罚或变相体罚学生及有歧视、侮辱学生的言行。

②不准违规向学生收费或对学生罚款。

③不准从事有偿家教或未经批准私自在校外兼课。

④不准向学生推销报刊、教辅资料和其他商品。

⑤不准索要或接受学生、家长财物及有以教谋私的行为。

⑥不准将异性学生单独带到宿舍或其他不适当的地方。

⑦不准在课堂上和考场上使用手机打电话。

⑧不准在工作时间做与教学无关的事，如上网、聊天、下棋、打牌、玩电脑游戏。

⑨不准在工作时间饮酒、吸烟。

⑩不准涉赌、涉黄、涉毒及有败坏教师声誉的失德行为。


## （三）采取有情义的教育教学行为策略

建设有情义的教师行为文化不是空谈，而是要有具体的教学行为来体现和落实，从教师方面来讲，应该采取以下策略。

**1.微笑策略**

教师的表情包括眼神和面容，如双目含情，面带笑容。如果教师在教育教学过程中始终保持以微笑为主的表情，就会产生亲和力，增加吸引力，提升人格魅力，对稳定学生的情绪、平和学生的心态、激发学生的积极性和主动性有较积极的作用。

**2.语言策略**

要注意批评的策略。如同花木离不开修剪一样，教育学生永远离不开批评。但是，面对千差万别的生命个体，面对内容和实质各不相同的学生问题，教师必须讲究批评的艺术。有的老师三言两语就能把学生说得心服口服，有的老师痛心疾首却使学生怒目而视。批评是学生成长过程中的良方妙药，虽然苦但是必需的。正如不同的病症需要不同的方法疗治，批评没有固定的模式，一定要讲究方法、策略与艺术。我们总结出以下几个方面供教师学习借鉴运用。

第一，批评学生要选择恰当的时间与地点。选择合适的时间与地点，实际上就是给师生创造静静思考的时间与空间，以便选择更好的观察视角和更恰当的解决机会，酝酿更成熟、更理智的处理方案。实际上，我们所看到的孩子身上的缺点、错误或不好解决的问题，许多都只是一时或表面的现象，是必然要出现的非常正常的问题，即便我们不去理会，往往也会伴随孩子的成长慢慢消失。许多时候，等待恰恰成了解决问题的最好的方法。等待学生把自己的心里话说完，等待学生慢慢改正自己的缺点、错误，等待学生逐渐认识问题的本质，等待内向的学生大方、开朗起来……教育是一门慢的艺术，教育的过程其实就是用爱心和智慧等待的过程。

第二，批评学生要注意保护其自尊和隐私。苏霍姆林斯基曾说过：在影响儿童内心世界时，不应挫伤他们心中最敏感的角落——人的自尊心。即使学生犯了再大的错误，其人格尊严也都应该受到保护。教学中发生的老师与学生之间的冲突事件，大多数是因为教师不注意自己的言行，侵犯了学生的自尊心和隐私。例如，本来是迟到的小事情，有的老师借此无原则地把事情扩大化，从批评学生的表现到批评学生的品质，从批评学生到批评学生的家庭。带有谩骂、侮辱、绝对性的言语常常把师生关系弄得非常紧张。教师的不同态度及不同的语言，影响着学生不同的学习成绩，甚至决定了学生不同的生存状况。

第三，批评学生要旁敲侧击，不要正面冲突。教育是说的艺术，学生管理的策略与技巧体现为点与面的和谐。这样的教育也许会更轻松、更愉悦，效果也许会更理想、更恰到好处。

第四，批评学生要心平气和，不要急躁冲动。老师在初始阶段容易急躁、冲动，缺少理智，甚至把握不住分寸，常常把事情弄僵、弄糟。这时，最好的方法是保持冷静。再就是要正视学生的错误，让学生勇敢地承认错误，主动地改正错误。另外，并不是所有的错误都需要立即批评，有些事情放一段时间后再去处理，效果比当时处理要好很多。罗曼·罗兰说过：自我批评，是一所培养良心的学校。自我批评，是批评的最高境界。学生只有真正地认识到自己的错误，才能很好地改正错误；其实当学生承认错误时，他已经改正了一半。无论学生做了什么错事，教师工作的目的都是关怀和帮助。学生总归是学生，学生的特征就是不成熟，不成熟就难免会犯错误，人都是在不断地改正错误中成长的。犯错误是正常的，不犯错误的人是不存在的。老师要牢记批评学生时的"四少四多"的口诀：少直接，多铺垫；少当面，多书面；少指责，多赞美；少（不）批人，多批事。

第五，批评学生时要沉着冷静，尽可能站在学生角度考虑问题。只有在真心接纳学生的前提下，才会利用和把握好教育契机。一般来说，在学生犯错误时，有责任心的老师都会显出急躁情绪。但是，这时候更需要用理智控制我们的行为，选择合适的解决问题的方式，千万不要感情用事，采用"硬碰硬"的教育方法。这样很容易造成师生冲突，不仅影响正常的教学秩序，还常常使教师本人处境尴尬。学生的年龄特征迫切要求教师更新自己的教育观念，提高自己的专业技能，采用更新的教育手段和措施。一切好的教育方法，一切好的教育艺术，都产生于教师对学生无比热爱的炽热心灵中。不管学生做出什么事，我们都要尽量避免先入为主，更不能让一时的恼怒代替了老师应有的宽容和理解，而应始终抱着善意的态度对待他们，本着尊重学生人格、保护学生自尊心的原则，正确妥善地处理。孟子曰："教者必以正；以正不行，继之以怒；继之以怒，则反夷矣。"试想，如果没有老师冷静后的机智，怎么会有好的教育效果？我们常说："被气糊涂啦！"冲动使人智昏，冷静产生机智。古人云："胜人者有力，自胜者强。"我们控制自己的情绪，实际上就是超越了自己。学会克制自己的不良情绪，是做好教师的一种重要修养。

第六，批评学生要学会分析，做细致的调查研究。教育是一门慢的艺术，了解事情产生的原因及过程，弄清事实，可以有效避免问题处理的盲目性、表面化。没有调查就没有发言权。对待学生出现的错误，老师切忌主观臆断、处事武断，应深入调查，查明缘由，再对症下药。遇到学生犯错误时先控制好自己的情绪，巧妙调查，静观事变，等待一个更有利的时机，找准一个最佳的介入点，选择一种双方都能接受的方式，采取和缓而真诚的态度。我们所要做的是什么？不是批评、训斥，不应造成心灵的创伤，而是平心静气地分析：这是青少年成长中再寻常不过的现象，要研究事件形成的经过，要根据学生的特点采取恰当措施去充实学生的心灵，并转移或升华这种情感，保护学生的自尊心。

耳濡目染，言传身教。无论怎样，我们都要把自己美好的一面展示给孩子们，让他们的心中充满阳光，充满希望，充满信心。当我们不堪重负时，想想孩子们内心深处的美好愿望，想想孩子们"来学校是来受教育的，不是来受伤的"，想想"如果我是孩子""如果是我的孩子"，我们就会变得从容一些、平和一些、耐心一些。从某种意义上说，管理学生就是一场和学生斗智斗勇、不断抉择的游戏。其中最重要的是，我们要用冷静的态度对待每一次抉择的全过程，在做出抉择之前必须进行重重思考，分析好各种处理方式的利弊，想到"最好的可能"和"最坏的结果"，争取实现最佳的教育效果。

3.处理偶发事件的策略

（1）对偶发事件的认识

偶发事件就是学生中偶然发生的事件。这样去界定偶发事件仍然不能忽视某些偶发事件的必然因素，把所有的偶发事件都看作偶然的、意料之外的，其实是不恰当的。因为有些偶发事件确实有其必然的因素，对此，教师要有全面深入的认识。

（2）处理偶发事件的原则

偶发事件虽然内容和形式各异，但因为一般都有共同的特点，所以教师也能够遵循一定的原则来处理。

①把握分寸的原则。遵循了解情况、把握分寸的原则，就是教师在偶发事件出现后，要即刻了解情况，认真分析，并把握处理的分寸。尤其要注意的是，在偶发事件出现后，不能偏听偏信、主观臆测，或是只从表面来认识问题。

②冷静沉着的原则。处理偶发事件，教师要遵循冷静沉着的原则，尽量做到态度积极且憎爱不形于色。教师冷静沉着不仅能够使学生情绪稳定，不慌乱，也是对学生的一种教育和示范。

③尊重学生的原则。教师处理偶发事件，要用诚恳亲切的态度对待学生，要尊重学生的人格、保护学生的隐私，并以此作为处理偶发事件的一个原则。

④教育大多数的原则。偶发事件多半是比较孤立的事件，也多半发生在少数学生身上。但处理偶发事件却要着眼于大多数，着眼于教育的功能。遵循教育大多数的原则，教师处理偶发事件要借"题"发挥，从偶然的、个别的事件中，让学生找出某种必然性，某种值得吸取的经验和教训。

（3）处理偶发事件的方法

依据处理偶发事件的原则，一般情况下，教师在处理偶发事件的过程中，应该做到以下几个方面。

第一，做到心中有数，坚持有的放矢。心中有数是处理偶发事件的前提和基础，教师要充分掌握情况，做到是非明晰、判断准确、责任清楚，并能够把握处理的分寸，这样才能做到解决矛盾和教育学生时有的放矢，才能使学生心服口服，并达到教育大多数的目的。

第二，做到感情沟通，坚持以理服人。教师在处理偶发事件的过程中要与学生进行情感上的沟通，以爱护和关怀作为处理与学生之间的关系的基础，这样就会产生教育学生的基础，进一步了解学生的工作就比较容易做了。如果态度生硬，情感冷淡，使学生望而生畏，不敢说真话，不敢向老师交心，势必造成处理偶发事件的困难，甚至留下后遗症。

第三，淡化负面影响，坚持冷处理。偶发事件不仅有突发性，还常常有爆炸性，可能引发许多负面影响。这些影响不仅有心理上的，还有认识上的，还可能对正常秩序造成干扰和破坏，助长不良风气，有时候甚至闹得沸沸扬扬，使集体处于不稳定的状态。因此，教师在处理偶发事件时要尽量淡化负面影响，坚持冷处理。

# 第二节　教师教育观念文化建设

教育观念是教师立教的根基，是决定教育成败的关键。如果教育观念不转变、不更新，一切教育教学都很难取得实质性进展。作为教师，就要以现代教育观念为理论依据，将理论应用到实际教学中，使现代教育观念在教育实践中发展。而随着教育实践的开展，又会遇到很多新问题，迫使我们去研究，去解决。只有将教育观念与教育实践相结合，教学改革才能收到良好的效果。那么，在教育教学中如何转变教育观念，更新教育思想呢？

## 一、转变旧观念，树立新思想

作为一名教师，应该培养有理想、有道德、有文化、有纪律的，满足社会需求的高级人才，应顺应社会形势的发展，不断更新思想，转变只注重教学生学会的旧观念，应树立教学生会学、培养自学能力和习惯的新思想。要让学生学会学习，教师在教学的过程中既要授之以"鱼"，更要授之以"渔"，既传授知识，又教给学生获取知识的方法，培养学生自学的能力和习惯。例如，一堂课中，教师可以布置一个大任务，或者几个小任务，不同程度的学生，可以完成不同程度的任务。学生自由讨论，最终由教师总结。这样整个课堂，每个学生都有事情去做，而且都能完成自己的任务，具有成就感。具体而言，要做到以下几点。一是转变传授知识的旧观念，树立知识、能力、素质协调发展的新思想。传统的教育单纯强调知识的传授，忽视了学生能力的培养和素质的提高。这就很难造就适应时代要求的新型人才。二是转变以教为中心的旧观念，树立以教师为主导、以学生为主体的新思想。教师在教学时要通过启发、点拨、引导、讲解、提问、点评、分析、概括等方式调动学生学习的主动性、积极性，教给学生读书学习的方法，培养学生自学的能力与习惯。三是转变只重视统一训练的旧观念，树立因材施教，促进学生个性发展和全面发展的新思想。要遵循个性化与社会化相协调的原则，既重视学生的社会化又不能忽视学生的个性化，并且还要通过不同措施来促进学生的发展。

教师是人类灵魂的工程师，只有自己转变了观念、更新了思想、提高了素质、学好了知识，才能培育好下一代，国家才能兴旺，人民才能幸福。

## 二、教育教学中应有的二十条认识

①教师应该扮演研究者和学生顾问的角色，学生才是课堂和学校的主角。

②现代教育需要高科技教育设备辅助，教师应具备各种较强的科学技术素养和能力，因为现代社会是科学技术较发达的社会。

③现代信息化教育方式是教育的代表方式，教师要具备较强的信息化水平。

④学习者将是"科学城"的居民和客人。

⑤教育或学校会议中应该准备一个学习者的席位，这样可以把学习者放在主动的地位上。

⑥学校应该是社会的一个缩影。

⑦学校的一切工作人员，都应该转变自己的职业思想，认识到自己是服务人员，而不是学生面前的"大官"。

⑧充分发挥教学中的需求矛盾，最大限度为学生的需要服务，用学生的本质需求吸引学生走进课堂，不要用分数、点名或行政手段把学生束缚在课堂上。

⑨学校应该最大程度地不使用固定教室，同一班级、同一课程、同一学生，可以走进不同教室。

⑩两名教师可以以争论的方式给学生上同一堂课，也可以用联欢会的方式给学生上课，这样学生在课堂上收获的就不再是单一的知识，也体验了过程。

⑪为学生提供必要资源，可以让他们自主探索学习，有一个学习理论—实际操作—总结经验—交流经验—形成理论体系的学习过程，并将学习价值量化。

⑫学习要提高绩效，不仅要提高学生成绩，还要提高其素质，既要有学力评价又要有水平评价。

⑬现代学校应满足知识经济体制之需要，重视社会需求与教育的关系，建立科学管理的课程体制。

⑭学校应开设一门指导学生学习、生活、生存，应对突发事件的课程，应由学校教师自主开发编写教材。

⑮在校学习应是学生的一段人生经历，我们要重视学生在这个年龄阶段的人生体验，并不单纯是为其成人之后的工作做准备。

⑯教育的目的是培养人格，故短期的教育效果表现为使受教育者养成某种习惯，并为其提供保持这种习惯的外在支持。

⑰教师应该是学生心灵的守护者，要让学生全面发展，在美好中成长。

⑱教学应该让学生掌握概念，而不是只会死记硬背。

⑲学校要提高结构化办公能力，以应对各种非教育必须应对之事，不能过多地占用正常教学时间。

⑳学校应创造引导整个服务社区的教育理论，形成气氛，使教育成为茶余饭后的谈论内容，达到教育影响社区的目的。

## 三、理解并掌握二十条课堂注意事项，提高课堂教学效率

①想想在课堂上备受心理煎熬的孩子，老师如果不去关注学生的生命存在状态，而是一味地追求所谓的教学个性，无疑是不当的。

②课改就是从油锅里捞孩子。老师这个职业需要人性，需要使命感和责任感。

③评课不应该关注教学细节，而应该追究教师教育教学的观念。

④有什么样的观念，就有什么样的课堂；有什么样的课堂，就有什么

样的学校；有什么样的学校，就有什么样的教育；有什么样的教育，就有什么样的国家；有什么样的国家，就有什么样的民众。

⑤观念不到位，就会差之毫厘，谬以千里。

⑥如果我们连什么是好课，什么是好老师，我们需要什么样的教育这样一些基本的概念都搞不懂的话，那么我们用什么样的标准评课？

⑦教师对学生生命状态的漠视，让教育终于可以"伟大"到重新把人变成猴子。

⑧"新教师""新课堂""新学校"，解决"三个新"的问题，我们就可以培养出"新学生"。中国教育的希望在"新教师"那里，而一定不会在传统名师那里。

⑨无限放大教师的作用和教的功能，就是反教育。

⑩课改说穿了就是让教师变"二传"为"一传"，让学生与学习对话，教师的作用百分之八十就体现在"把湿柴火弄干"，剩下百分之二十体现在对流程的设计上。

⑪教书就是开汽车，第一步把钥匙插进孔里，点火（激发兴趣）；第二步踩离合，挂挡，就是自学、展示、反馈；第三步握紧方向盘，把握方向；第四步踩油门，前进。

⑫教无定法的前提是教学有法。无论是宝马还是桑塔纳，一旦上路，就必须遵守交规。教学必须回到有法上来，有法就是把学习的权利还给学生，有法就是教师再也不可替代孩子的学，有法就是让孩子去经历。

⑬当你不可以替代孩子感冒的时候，你可以替代他学习吗？

⑭把课堂还给学生，把学习还给学生，只有还给学生，才能实现分层。

⑮学习就像孩子在餐桌上吃饭，当妈的说菜好吃没有用，最好的方式是让他尝一口，他发现好吃，就会吃的。

⑯真正好的课堂，必须首先是动的课堂，每节课都在锻炼身体，每节课都是体育课；每节课孩子们都在说，每节课都是演讲课；每节课都在

写，每节课都是书法课；每节课都在合作，每节课都是交际课。素质教育的一切都在课堂。

⑰课堂教学必须重视情感，高效课堂是"知识的超市，生命的狂欢"。课堂必须是狂欢的，让每个孩子乐在其中，就是对生命负责任。

⑱学生的课堂参与质量，即教学质量。

⑲要重新认识主体与主导。学生是学习的主人。杜威早就告诉我们，教师是学生学习的仆人。主体等于主人，主导等于仆人。

⑳重视课堂的流程，必须先学后教，一切好课都有共性，这个共性就是自学—展示—反馈。

## 四、克服不好的课堂表现

下面列举八种不好的课堂表现。

①上课时，急匆匆走进教室，甚至迟到（上课前一两分钟，师生都需要"培养"上课的情感，这是情绪调整的需要）。

②带着疲惫、苦恼等不够积极，甚至负面的情绪进教室（不要把不好的情绪传染给无辜的学生）。

③上课伊始，教师无导入语，不能营造教学所必需的氛围（一开口就是指令性的、程式化的话语，了无情趣）。

④无板书（以为有课件了，板书就可以免了）。

⑤上课伊始便制造紧张、压抑的氛围（这方面的例子很多，如听写、背诵和抽查作业，或者批评学生学习上的种种错误）。

⑥板书空白或随意，或者写错时以手当黑板擦抹去字迹（这不雅，也不卫生）。

⑦让学生长时间集体朗诵（常见于语文课，政治、历史、地理课堂也会见到）。

⑧在无人举手应答时硬性提问学生（这是强人所难）。

# 第三节　教师学生观文化建设

作为一名教育工作者，必须树立正确的育人观。《礼记》中说："师也者，教之以事而喻诸德者也。"树立正确的育人观，教师应有正确的学生观。首先，学生是独立存在的，具有主体性的活生生的人。其次，学生是富有潜力的发展中的人。再次，学生是独特的人。为此，我们总结出了八条规律（定律），并应用到教育教学之中。

## 一、效绩引导律

1.问题

在很多活动之中，为什么有的人会被老师和同学在较短的时间内肯定，有的人付出了许多却怎么也得不到同学的认可和老师的表扬？

2.分析

学校一般是通过学习成绩（效绩）评定学生的，有人付出很多，但成绩（效绩）却无从提高，有人付出不多，但成绩（效绩）提高了。为什么会出现这种情况？答案是学生的学习习惯不同。学生良好学习习惯的培养是至关重要的。

3.解决办法

（1）理论依据

不管黑猫白猫，抓住老鼠就是好猫。发展是硬道理，发展是解决所有问题的关键。成绩（效绩）是学校发展评价的重要标准。

（2）具体操作

成绩（效绩）是学校工作的中心，不能放弃或偏离这个中心。其他活动必须服务于这个中心，或支持这个中心。

4.补充说明

不要只抓成绩，否则教育也就成了没有绿叶的红花。成绩不是分数，但要通过分数等量化形式来表现。

5.备注

必须处理好素质教育与应试教育的关系。在当今社会，必须将考试作为一种技能，也必须将应试教育包含于素质教育之内，而不应将其当成两个对立概念。

## 二、惯性定律

1.问题

越是成绩好就越爱学习，越是成绩不好就越不爱学习。此律被称为惯性定律。

2.分析

在教育教学过程中，对学生学习习惯的培养是至关重要的。一般来说，成绩好的学生往往有着良好的学习习惯，成绩差的学生往往没有良好的学习习惯。

3.解决办法

（1）理论依据

人性是贪婪的。越是爱偷懒的人就越爱享受安逸之乐，越是爱学习的人就越想得到成就之乐。

（2）具体操作

设法转换，使学生的安逸之乐转为安逸之苦。尝试让学生收获成功之乐。反复实施上述操作，让惯性定律为教师服务。

4.补充说明

惯性定律没有好坏之分。惯性定律之动力源就是学生追求的不变性。

5.备注

由惯性定律可知：教育教学是培养学生学习习惯的保障体系，印证了"授人以渔优于授人以鱼"的话。

# 三、包围律

1.问题

每一个学生都会被一些东西包围着，这些东西会改变学生的思想、兴趣爱好，故可总结一句——"看包围知学生"，此谓包围律。

2.分析

包围学生的有地理环境、社会环境、文化环境，"近朱者赤，近墨者黑"。

3.解决办法

（1）理论依据

我们承认学生周围的东西影响着学生。我们承认通过改变包围学生的东西会改变学生的状况。

（2）具体操作

鉴定包围物的成分。改变学生周围的环境，减少不利包围，让学生从困境中解放出来；增加有利包围，使之有成长的温床；维护已建立包围的稳定性，打造良好的包围系统。

4.补充说明

包围不等于软禁，我们应该给学生一定的自由空间。

5.备注

对于包围学生的家庭环境，可通过家长会来了解相应的问题。

## 四、无用弃书律

1.问题

学校发的书很多，但在学生的眼中可分为有用的和没有用的，学生常会把有用的书带在身边，把没有用的书丢掉。这个规律称为无用弃书律。

2.分析

这个道理看起来非常简单，但在实际的教育教学过程中却发挥重大作用。学生不愿看书就弃书，弃书的理由就是无用，无用就是无价值。

3.解决办法

（1）理论依据

在生物进化中有"用进废退"的道理。对于学生来说，无用书自然要丢弃。教育者应让学生觉得书本是有用的，即有价值的。

（2）具体操作

应用此定律必须先明白书的含义，让书在学生的心目中增值。应当及时了解学生心目中教师的书是否有用。

4.补充说明

有用就是让学生感受到其有趣。有用不是为了让学生应付检查。如果是这样的话，实际上是失败之举。

5.备注

无用弃书律不可贬低其他学科的书无用来反衬自己的书有用。关于这一点教育管理者应从中调解，以达到平衡。

## 五、敌戒律

1.问题

对于学生来说，在学习的过程中，必须有相当的对手，方能不停地努力，然后取得良好的成绩，一旦失去对手，则会减弱上进心。

2.分析

每一个学生都应该有一个参照和比较，这样就会时刻督促自己努力超过这个目标。如果失去这个代表着自己参照标准的对手，就等于没了目标。

3.解决办法

（1）理论依据

生于忧患，死于安乐。"敌"之存在，会成为自己上进的动力。

（2）具体操作

通过各种方式提振学生的士气、增强其自尊心、培养学生的竞争技能。

4.补充说明

"敌戒"应控制在一个有效的范围内，否则会给班级带来内讧，无"敌"之后，应树新"敌"。

5.备注

别人虽与"我"为"敌"，但别人的进步也于"我"有利。

## 六、团派律

1.问题

在同一个集体中，总会形成大大小小的团派，而这些团派中总会有一些领导人物。团派中心人物的言行对团派有直接影响。

2.分析

小伙伴在一起交往时会产生友谊，这种友谊会自然而然地形成团派，团派之间会有利益争斗，在有些时候会表现为对抗或竞争。

3.解决办法

（1）理论依据

社会中的人总会有派别之分，这是人际交往的一种规律，我们要正视它，并利用这种规律来做好管理。

（2）具体操作

搞清楚团派在班级中的分布情况，如中心人物、团派成员、团派特点、团派之凝聚点及需求。瓦解不利团派，巩固有利团派，协调团派关系，利用团派力量教学。

4.补充说明

抓团派工作，应先做好团派中心人物的工作。要防止团派斗争，组织破裂。保存团派的目的在于分工协作，提高工作效率。

# 七、阻逆律

1.问题

教师每次布置任务或要求完成某项学习计划时，总会有学生产生抵抗心理，投机取巧，可谓"上有政策、下有对策"。

2.分析

完成任务本身存在一定的困难，每个人都既想完成目标，又想省力，在这种矛盾心理下，就产生了应付心理。

3.解决办法

（1）理论依据

万物都存在矛盾，教学也是如此。

（2）具体操作

应该正确认识阻逆律，分析自己所教对象的阻逆特点，制定防阻逆预案。

4.补充说明

不可将阻逆律与学生的不信任混为一谈。阻逆律在后进生中表现最为明显。

5.备注

应以引导劝说帮助为主，不可以批评处罚为主。批评处罚不易消灭阻逆现象。

# 八、杨修定律

1.问题

在教学或管理过程中，如果特别重视某一学生，其就可能会产生自以为是的心理，甚至不把老师放在眼里。

2.分析

学生不知人外有人、天外有天，多次成功之后会产生自满心理，把自己看高。

3.解决办法

（1）理论依据

三国故事：杨修因被曹操重视而迷失自我，锋芒毕露，曹操觉得杨修碍其事，故杀之。

（2）具体操作

帮助学生认清自己的位置。"杨修可转变，但不可杀"，要给"杨修"制定更高的目标。

4.补充说明

要注意方法，过犹不及。

5.备注

在防止学生扰乱班级纪律的情况下，采用各种办法帮助学生认清自我，还应注意使其保持稳定的情绪。

# 第四节　教师队伍素质文化建设

学校的发展首先应该是教师专业素质的发展。无论是办学思想的落实还是教育教学质量的提高，教师的专业素质都是决定因素。只有一流的教师队伍才能创造一流的教育业绩，拥有一流的教师队伍学校才能真正办好人民满意的教育。近年来，我们狠抓教师队伍建设，不断提高教育质量。

## 一、让阅读成为习惯

要想拥有教育智慧，提高自己的专业能力，就必须不断学习。《学记》中曰："是故学然后知不足，教然后知困。知不足，然后能自反也；知困，然后能自强也。"这说明了教师学习和实践的重要性。

苏霍姆林斯基说：一些优秀教师教育技巧的提高，正是由于他们持之以恒地读书，不断地补充他们的知识的大海。读书，是教师的思想之源，是教师的智慧之源。为此，我们明确提出了"素质从阅读开始"的口号，开始了学校教师阅读文化建设的实践探索，开启了学校教师的读书之旅。

古今中外的图书浩如烟海，而现代科技的迅速发展又大大缩短了图书的出版时间。知识无涯而人生有涯，与其浪费时间去读那些对学生、老师益处不大的作品，不如去阅读那些经受住时间考验的、许多读者都曾从中得到启迪的书，即把有限的阅读时间集中到有价值的阅读中去，取得最好的阅读效果。

## 二、发挥校长的引领作用

教师读书工作的推进与校长的阅读意识密切相关。为此，笔者不但在阅读中起带头作用，还自己写文章推荐给教师阅读，以促进教师阅读意识的提高。

**附：八篇推荐阅读文章**

**文一：用实力和实绩赢得尊重和尊严**

尊重，字面上是敬重、重视并严肃对待、庄重的意思；尊严，是指尊贵庄重、可尊敬的身份或地位。从实际感受来看，这两个词应该有很多的解释。小时候，家乡有位老奶奶，哪家有人吵架都找这位老奶奶来解决，这位老奶奶很受尊重，也很有尊严；在家族或朋友圈子里能够站出来帮助别人解决经济困难或者能找出一条出路的人，也能得到尊重和尊严；一位老师教学成绩突出、管理学生得法、班级成才率高，家长把自己的孩子交给他放心，这位老师就受到尊重；懂管理，能办实事，公正公平公开，使大家信服，这样的干部就会受到尊重，得到尊严。实力和实绩是赢得尊重和尊严的重要因素。

实力是指发现问题和解决问题的能力。一个学生在别的老师讲课时感到头疼，你上课时他却有滋有味地听讲，并且把心里话向你讲，这说明你在对这个学生的管理上有实力；这个班别的老师上课时需要花很大力气来整顿秩序，而在你上课时没有一个调皮的，说明你的课堂管理有水平；这个班连续两年是落后班级，而你一上任就得到较快进步，说明你在班级管理上有一套；同是年级主任，你所在的年级老师团结和睦、兢兢业业、亲似一家，说明你在教师队伍管理上有独特之处；不管是年轻人还是老同志，大家提起你来都给予很高的评价，愿意与你共事，乐于与你探讨工作上、思想上、理论上的问题，说明你的威信较高……

实力和实绩是相互的，有能力不等于有实力，唯独有实绩才能说明有实力。只有拥有实力和实绩才能得到尊重，才能有尊严。想着干好而没有实绩，说明没有能力，或者能力弱一点；想着干好而实际出勤欠佳、上课马虎、教学或工作成绩落后，即便真有能力也是没有实力。想是不能证明实力的，只想不做是得不到尊严的。

文二：品评容易做人难

绩效，满工作量指教育部规定的学科课时或者学校平均工作量，如数学要代两个班。做事，作为教师来说，主要是教书育人。教书包含代满工作量，政治代满六个班的课等。学科成绩指平时成绩、抽测成绩、中考成绩，这些成绩大多有个比较，或者本校比较（如平时的单元检测），或者全区层面比较。育人，包含着三维目标中的知识与技能、过程与方法、情感态度价值观的落实，重点在价值观的培育上，主要看教师在传道授业解惑中采取何种态度与方法，对学生起到多大作用，最终在学生成长中的影响有多大。通常情况下，看学生喜欢这位教师的程度和对该学科的兴趣程度，看班级日常规范情况，看学生日常对教师的尊敬程度、作业完成情况、班级卫生情况等。在规范办学前提下，班风正、成绩较好的老师一般会被认可，受到赞扬。

做人，主要指品行、性格、团队精神、敬业精神等。品行中主要的是人心是否善良，心态是否积极。而性格是指人的脾气，情感指向。性格决定此人是否可交。对做人来说，团队精神是检验品行的试金石，是否有团队精神也是现代社会用人的重要依据，团队精神首要的是和学校大局相一致，为学校大局做贡献，任何学校都不喜欢看客，更不喜欢损坏学校声誉的言行。敬业精神是一种激情、执着，是对人生态度的一种诠释。

　　仁爱、宽容、责任、激情应被视作做人做事的基本要素。仁爱是指对人、事要有善良之心，要爱学生、爱同事，尊重教干，爱班级、爱学校、爱社会；宽容的前提是承认人不是完人，都有缺点，都在成长中，对别人的缺点要大度，错了要允许别人改正并注意吸取教训，遵循"理解、谅解、礼貌、谦让"的原则；责任则是指工作的态度，具有永争第一的精神，具有不管任何时候都不拿工作当出气筒的底线；激情是对工作、生活有种动力，有了激情就有了活力，浑身就会有使不完的劲儿。

　　评论是指别人对个体的评价议论。"路遥知马力，日久见人心"，对人的评论具有一定的难度，需要时间来检验。其实，评论一个人，主要看的是这个人做的事情，因事才评人。在文明的校园里，评论教师主要以工作为依据，"看人看工作，工作看成绩，成绩看大小，大小大家看"是基本原则。评论的依据是什么？看是否有事干、看成绩是否突出、看是否讲学校大局、看性格是否合群。别人的评论尽管站在不同位置，有不同视野、不同态度、不同水平，但在学校层面上大多能够趋向一致。因为在学校评论人的主体和被评论者大多是具有大学学历，深受"学高为师，身正为范"影响的高层次人才，理论上的价值观是基本一致的。于是乎就有了这样一些评论：此人能力很强、人品很好、成绩突出、为人大气、具有团队精神；此人业务能力较强，但是私心较重；此人教学能力较强，但是个性太强，不善于团结；此人品行较好，心地善良，但是能力较差；等等。

　　这些评价来自哪里呢？来自对个体日常言行的积累，更来自关键时刻此人的表现。学校的关键时刻，是在学年前的岗位聘任时，是在职称评定时，是在学校遇到困难时。此时，才是一个人的内心价值观的真正显露，才真正让人看出"庐山真面目"。一个人说得多么好，大家不会相信，关键是看他怎么做的；一个人做一件好事大家都能看到，做一件不好的事情大家也能理解原谅，值得注意的是：是否一直努力做好事，是否常做需要让大家谅解的事。

　　从教师的水平层次上看，没有人喜欢做不好的事情，可是，为什么还是会有人做令大家愤怒的事情呢？问题的关键是个人做这件事情的时候并不认为是件不好的事情，其实，这正好反映了其内心价值观。如大家都知道只要在岗、只要发工资就应该上班，但是，到了个别老师那里就不是了，"我感到不公平，就不去上班""我感到受了委屈就不代课了""我身体不舒服，就必须要减少我的工作量""他说我的坏话我一定要还回去"……他们以自我为中心来判断是否受了委屈、别人是否真的说了自己的坏话，连起码的教师岗位职责都抛却脑后了……

好事情坏事情集中在一起，构成了别人评价自己的材料。久而久之，自己什么样子就会定格在某种评论上，这种评论不在于别人是什么层次、什么水平，而在于自己怎么想的、怎么做的，做对了哪些、做成了哪些，对学校贡献了多少，给领导、学校添了多少麻烦。尽管人对人的评价是很难的事情，公说公有理，婆说婆有理，"政声人去后"也罢，"天理长存人心"也罢，做好自己的事情，做好教师岗位要求的事情，做好大家希望做的事情，这个"好"以大家的共识为标准，不以自己的个性为标准，听听受大家尊重的人的意见，评评自己的良心，谨慎对待人生，方能成长进步。

文三：让理性主导品评

人往往是要尊严的，在教育界尤甚。学校的组成人员，主要是大学学历的，但不时有不和谐的声音，影响了情绪、友谊，甚至工作。深究有何问题，大多是误会或很小的事情造成的，且往往与传话听话有关，而传话听话中包含的评价和如何理性地传话听话，往往成为影响情绪、友谊、工作的重要因素。

说话，往往体现着一个人的综合素质，是对某件事某个人的评论，说出的话一般符合大众公理才能有说服力。比如：一个上班总是早到校、对学生关怀备至、备课认真、教学水平高、教学成绩好、心胸大度、不损害同事和学校利益的人，大家会给很好的评价，说某某教师很好。对上班不负责、工作不认真、成绩拖学校后腿的教师，大家只能说"他在我们学校上班"这样简单的描述性语言。

听话传话最容易引起矛盾误会的是涉及个人名利问题的时候。作为普通人，把名利当作身外之物的要求是过高的，人都有名利的需求，这种需求是对自身工作及人品的肯定，更是团队集体共识的强化。但在名利问题上，有一部分人会出现过高估计自己的成绩，过低看待别人的努力的倾向，出现了此荣誉非"我"莫属的初步判断，以为不仅仅自己有这种判断，别人同样有这样的判断，因此，会去争取很多人对自己的支持。此时别人的表态，等于"被表态"，没有人会说自己的不是，而自己往往信以为真，也更加坚定了非"我"莫属的假性判断，结果搞得自己荣誉没有拿到，积怨却是甚多。其实，正规学校，特别是优秀学校，一般情况是按照制度授予荣誉的，个人认为的成分很少，都是集体研究讨论的结果，和单纯的个人没有关系，但是很多人搞不清楚这个状况，会想这想那。其实，只要把工作做到区内、校内前列，荣誉自然而至。

涉及处罚问题也是听话传话中引起矛盾的所在。在学校，干多干少一个样拿工资是普遍现象，处罚则是到了非得处罚不可了才象征性地处罚一下，但是尽管如此，还有不能接受的，有的甚至连一句批评的话都承受不了。比如，正常上班是对老师最基本的要求，但有的老师就做不到，有的以有病为由，有的以有事为由，有的以若干问题为由，要不要罚款？本来是很简单的事情，不上班就不能拿工资，但是，当不上班的人闹事时，没有人说不上班的不是，而是说学校的不对。维护学校的利益其实就是维护全体教职工的利益，包括自己的利益，但违规违纪人员中有的添油加醋说别人也不上班，处罚他为什么少呢？其实是假话、挑拨离间的话，处罚的事情都很慎重，都是按照制度来的。当然，教干当中也有这样的声音，说不想罚款这么多的，是领导要这样的。一句话，卖违规违纪教师的好。之所以如此，是因为学校中存在严重的不正之风，学校领导班子成长缓慢，教职工队伍不优秀，全校干部管理有漏洞等。长此以往，学校就会正气不再，人心涣散。

说话、传话、听话都有一个价值观在指挥着，这个价值观就是是否有爱心，除了自己的需求外是否考虑同事、学生、家长、学校的需求，是否能换位思考，是否宽容，是否有责任感，是否有团队目标，是否有文化底蕴，这也是个体人品的体现。犹太人对此有个看法：说话的时候要明确自己说了什么，为什么要这么说，还要看听话人有什么反应，什么原因使他如此反应；听话时思考他在说什么，为什么这么说。

对问题的判断还要具有理性，要静态描述事情经过，找到分歧所在，找到处理分歧的已有的原则。最基本的是要尊重别人的观点，礼貌地寻求和而不同。例如，不上班被罚款是天经地义的事，任何人来传话说话都是礼貌性的，或者是挑拨性的；例如，把工作做好是最光荣的、是应该的，工作做好了，谁都不怕，而工作做不好，再怎么表演都是被大家瞧不起的；例如，不计较小事，大家都喜欢，斤斤计较、针锋相对，大家都感觉不好。总之，不管别人怎么说话，自己要明白是怎么回事，不可以偏听偏信。

文四：为谁而工作

当没有工作的时候，我们为找到一份工作而奔波，因为我们心中想着，有工作才能有饭吃，才能自立，才能真正成为一个成人。当我们找到了工作，领到第一份工资的时候，我们感受到了工作的快乐，看到每个人都是那么友好，感到人生是那么幸福。但是，当到了一定时间之后，我们似乎渐渐走进了"围城"，逐步感觉周围的人不再是那么友好，单位也不是想象中那么公正，于是，向往着到外面的世界看看，对同事不再是那么信任，对工作不再是那么努力，业绩不再是那么突出。当跳槽没有实现时，于是，思想上不求上进，对任何事情都外归因，"我想干好，可是，没有一个人支持我"；语言逐步由消极、刻薄到尖刻，"你吃饭了吗？""我不吃饭你请客？"；行为上懈怠、拖拉，当一天和尚撞一天钟，教学成绩拉年级后腿，新学年无年级愿意聘任；情绪上开始埋怨，乃至愤恨，"没有一个好领导，人都是自私的"。没有真正的朋友，只有几个比自己更消极落后的人围着自己打转，等着看自己的笑话……到底是什么原因使自己都不认识自己了呢？积极上进、自信自强的自己哪里去了？

堡垒往往从内部被攻破。内因是主要的，外在的因素再多，如果没有内因相呼应，外因也是不能占上风的。内因是什么呢？掺杂着名利、正义、情感等因素的"为谁而工作，为什么而工作"的思维方式应该是起很大的作用的。

我们在开始工作的时候，没有名誉的要求，没有利益的期盼，更没有指望哪位同事来帮助自己，有的只是感到自己能力不足，处事幼稚，业绩不理想，并对领导的关怀、同事热心的指点心存感激。那时想的是，唯有干好工作，自己才能得到一点自豪，被领导赞扬，被同事认可，被学生爱戴，受到学生家长的喜欢，这是多么开心快乐啊！当工作稍有起色的时候，自己想的是什么呢？开始对名利有了一点感觉，开始注重外因，发现自己少干点也不是不可以，看到有的同事少干也不损失什么名利，自己似乎"懂事"了，工作不再是那么努力了，做事也不是那么认真了，业绩虽然也在上升，但是，思想里似乎多了"自私"的成分，偶尔一次迟到，却觉得"没关系，我也是老教师了！"，没有内疚感了。这时为谁而工作？为了名誉，为了利益。如果学期结束，以自己的判断标准得出付出与回报不一致的结论，就开始发牢骚，就开始拿工作岗位来发泄，慢慢地，名利的包袱开始移植到自己的骨髓和血液之中。干是可以的，但此时的干不是来自内在的动力，而是来自金钱和名誉的诱惑。感觉奖金少了，马上熄灭自己工作的热情；名誉给低了，就由原来的兢兢业业转变为当一天和尚撞一天钟。渐渐地，由原来工作认真勤快，勇于担当，不怕苦不怕累的有为青年人，变成了由名利牵引的，回想往事常深感惋惜的颓废中年人。

名利毕竟不能满足自己的私欲，工作也就相应地懈怠，成绩也就不再那么突出，牢骚和消极开始成为语言主流，荣誉也会随着成绩和人品的下降而减少。此时，不仅不在自己身上找原因，反而对领导和同事的批评帮助产生深深的反感，产生很多的不好好干工作的所谓理由："谁不想干好？

可是干了有什么好处?"（工资已经不算待遇了）"哪个领导公平？都是选准了靶子再开枪。"（对制度和领导开始产生不信任感，有了自己所谓的"思想"）"我比某某强多了，我还来上班呢!"（开始攀比自己原来所讨厌的人）"学生太差劲，同事又不帮忙，领导更不关心，怎么能干好?"（都是别人的错了）于是，工作更懈怠了，态度更不好了，敬业更谈不上了，成绩更落后了，聘任的时候已经不是各个年级争相聘任的人了，此时对工作岗位没兴趣了："我不是没有辉煌过，可是有什么用处?"进而亵渎岗位，离岗、迟到、早退，慢慢走到自己的对立面。此时为谁工作？为情绪，为自己所判断的情绪。此时，判断标准已经错位，判断结论更非科学。而随着对名利算计的精细，情绪更加不可控制，工作更加懈怠，有为青年人变成了牢骚中年人。

为谁而工作？齐瓦勃有句名言："为自己而工作!"为自己而工作，首先是干工作，不管风吹雨打都要坚持上班，不能以自己认为的利益、情感不公正，就不上班；其次是给自己干的，前面有多少困难和坎坷，都要坚持，不能有一点不适应就撂挑子，轻易放弃。当我们每天起床的时候，我们不会嫌弃穿衣戴帽的琐碎，这是自己的事情；当我们做饭的时候，我们没有牢骚，因为是给我们自己做的；当我们外出旅游的时候，我们不会反感疲惫，因为这是为了自己的快乐！当我们做自己想干的事情的时候，我们是多么开心和快乐啊！为自己而干是快乐的、值得的，这是我们的结论，可是，我们是什么时候转变成为了金钱、为了名利、为了情绪而工作的呢？为了这些，有时会快乐，但是，更多的是烦躁和不安。把工作当成自己的，无论前面是地雷阵还是火药库，都能想办法解决！

为自己而工作的反面是为别人而工作，为别人而工作的内涵是让自己的言行随着对别人的评价而改变，而对别人的评价是以自己的判断标准为依据的，别人对"我"好了，"我"才好好干，别人对"我"不好，"我"就不好好干。在学校里，把"国家发工资，我好好工作"，变成了"工资等于零，学校对我好，我才干，对我不好，我就不干"。"校长、主任对我好我就干，对我不好我就不干。"认知的不同，"对我好不好"判断标准的不同，往往导致结论的不同，导致"干一点工作都嫌累""活干多了，名利得少了"，由此成为天天斤斤计较、盲目攀比、牢骚满腹的"牢骚族"。为别人而工作，徒增的是无尽的烦恼和无穷的埋怨。

农民为自己而工作，不管是什么天气，都会精心劳作，耕地、撒种、浇水、施肥、打药，因为他们知道，只有真心侍弄好庄稼，才能有好收成，他们不会埋怨土地的贫瘠，也不会因天气而发火，只是默默耕耘。木匠为自己而工作，任何木材都有其恰当的用处，在别人看来一无是处的木材，经他们的努力工作之后，都会成为一件件漂亮的作品。军人为自己而工作，能做到"服从是军人的天职"，能做到"流汗流血不流泪"，能做到"一不怕苦二不怕死"。

为自己而工作，在学校里意味着把学生看成是自己的孩子。自己的孩子怎么教育？多学习、多想办法。教育自己的孩子有何埋怨？多干一点、少得一点都没有问题。意味着努力钻研课程标准，熟悉教材，具有扎实的教育学、心理学基础，懂得孩子，懂得学科规律，遵守教育规范。意味着"不把自己的成就寄托在单位的奖惩上，自己的事业自己来开拓；不把自己的一生寄托在别人的管理上，一生的荣辱自己来把关"。意味着教育教学成绩不理想，能够多从自身找原因，能够换位思考，能够不断取得更高的成绩，得到更多人的认可和赞扬。

为自己而工作，还在于多参与学校制度建设、文化建设。制度建设的主体在于体现公平，而公平的制度建设就需要换位思考、整体思考，需要站在学校大局和大家的长远利益方面来考虑。因而，参与学校制度的建设，从某种程度上说能够提升自己的素养，减少很多误解和埋怨。文化建设是个人和团队素养提升的核心，"人管人累死人，制度管人烦死人，文化管人管灵魂"。文化建设是以人为本的，体现人的长远发展、全面发展，能够帮助教师树立正确的岗位观、出勤观、绩效观、处事观、评价观、工作观。

为自己而工作，意味着为自己的理想和人格而奋斗。工作着就是快乐着！奉献着就是快乐着！学习着就是快乐着！

文五：尊严学校，成就自己

学校，是国家为培养人才而设立的活动场所，是教师根据法律法规培养学生的地方。按照一般人的理解，学校是具体概念，包括学校的位置、学校的宿舍条件、学校的师资力量、学校的风气成就、社会对学校的整体评价等。对教师来说，学校的概念是通过学校在同行中的综合位置，以评价制度为核心的学校文化，以校领导班子为核心的教职工队伍的综合素质，以社会各界对学校的尊重程度，以培养多少著名或非著名学生等因素来呈现的。理解学校，进而通过自己的努力让学校得到尊严，是教师成长的重要方面。

理解学校是干好工作的前提。

学校是什么？是迄今为止自己最好的职业选择，是家人生活、自己生存重要的资金来源地，是自己才华施展的最佳舞台，是自己精力、时间消耗最多的地方，更是赢得尊严的最佳活动场所。正确认识自己是理解学校的基础。要正确认识自己，"我是谁？""我能干什么？""我做了什么？""我最大的理想是什么？""理想与学校有什么关系？""自己的名利能通过自己少出勤、少干活实现吗？"

理解学校的牵挂是理解学校的核心。个体和集体只是一字之差，几个个体组成了家庭，几十位教职工组成了学校。家人有出息，家庭自豪；学校成为名校，教职工脸上有光。学校优秀就是教职工最大的"福利"，而学校优秀是个体优秀的综合。唯有理解学校的牵挂，才能真正理解学校。学校牵挂什么？从总体上看，学校希望办学水平不断提升，全体教职工身体健康，幸福指数不断上涨；从成绩上看，学校希望每位教职工都取得自己满意的成绩。

尊严学校是人生辉煌的前提。

尊严学校就是通过自己的努力让学校得到同行、社会的尊敬，进而实现自己和学校的尊严。就集体来说，尊严一般是通过严格要求、严肃纪律、严格管理、严厉奖惩（"四严"）得到的，因此，有必要对"四严"有个正确认识。应该说，"四严"是学校进步的希望所在，严格要求对教职工有百利而无一害，严肃纪律是培养个人良好品质和团队精神的重要方面，严格管理是保障全体教职工整体利益的主要体现，严厉奖惩是提高教职工素质最快、最有效的渠道。

尊严学校首先尊严个体。学校要尊重每位教职工，对每位教职工都一视同仁，学校的各类规章制度都要通过多次讨论才能定稿，并不断完善修订；要理解教职工的个体牵挂，把其当作制定学校制度的重要参数；要推行学习和反思之风，让谁学习、劝谁学习是最大的关爱；要建立教职工关系零距离沟通机制，形成"批评是一种待遇，惩罚是最大的促进"的理念。

尊严个体必须尊严学校。教职工要用自己良好的出勤率来赢得同事的赞誉，用良好的语言来赢得学生的拍手，用略高一筹的能力来赢得同行的赞叹，用一流的成绩来获得上级的认可。

文六：把"想干好"用行动和业绩表现出来

"谁不想干好？"这是很多人在总结教训时最常用的一句话，也是出了问题追究责任或者将要受到处罚时常见的一句话，说话者一脸无奈甚至愤怒，意思是"我"想干好，可是由于"领导不支持""条件不具备""同事老嫉妒""学生基础太差""是意外事故"等原因，"我"才没有干好，甚至"我"干成这样就很好了，没有功劳也有苦劳，如果以这些理由来证明自己的努力，几乎是徒劳的，也是不被大家认可的。

"想干好"是每个人的愿望，没有一个人否认自己想干好。正是基于这样的考量，人与人之间，个体和集体之间才有了互信。但是，"想干好"，别人是看不到的，想只能在自己心里想，是真想干好还是真不想干好或者只是想当一天和尚撞一天钟，别人是看不到的，只有用积极的言行和一流的业绩来证明。

　　"想干好"与"真想干好"有很多的比较：按时上班就是真想干好，经常迟到、早退、外出不签名、监考阅卷出问题等就不是真想干好；备课充分、课堂气氛活跃、学生喜欢、教学效率高就是真想干好，备课不认真、作业布置不科学、学生成绩不佳就不是真想干好；团结同事、尊重领导、爱护关心学生、从大局着想就是真想干好，制造谣言、遇事只想自己不看大局、满腹牢骚就不是真想干好；开会准时到、手机关闭或调成静音、认真听讲就是真想干好，开会迟到、中途退场、接听电话、心不在焉、做与会议无关的事情等就不是真想干好；对学校发展有强烈的责任心、高度的责任感，自己的一言一行都能站在全校角度来考虑，不管是不是班主任，是不是自己所教班级的学生，只要发现学生不良行为就主动管理，见到垃圾能自觉捡起，在外人面前自觉维护学校形象就是真想干好，对学校发展没有信心，阻碍学校发展，事不关己高高挂起，对损害学校的言行不制止甚至附和等就不是真想干好；不断读书学习，业务上不断探索，对学生宽严适度并不断征求学生的意见，工作成绩越来越好就是真想干好，不读书不学习不探索不研究，自我感觉良好就不是真想干好。

　　怎样才能把"想干好"落实到行动中呢？一是端正心态，心态不端正就会把名利私利看成个人成功的全部，把带有个人感情色彩的公正公平看成自己成功的唯一，就会在评优晋级时把自己看成是最完美的。这种心态是影响个人进步的最大障碍。心态端正就是把名利淡化，只管耕耘不问收获，水到渠成。世界上绝对公正是没有的，切莫在名利上斤斤计较，要把眼光抬高，把视野放远。二是有责任心，真抓实干，在实践中锻炼和磨炼自己，增长才干。三是多读书多向"高人"请教，不断提高业务水平。四是要注意研究工作对象的心理规律，初一学生是什么心态？初二、初三的是什么心态？把学生当成自己的朋友和助手，千万不可把学生当成对手和敌人。把学生当成敌人，学生同样把你当成敌人，要让学生感受到你对他的爱而不是爱的反面。同样，教干要把教职工看作朋友、兄弟姐妹，只有这样，大家才能齐心协力把学校工作做好。

文七：起初，我没有说话（仿诗一首）

没有说话，因为我不是教干。

起初，他们到校时间晚了5分钟，写上按时上班，或者相互代替签到，毫不脸红——我也偷偷干过。

接着，有的同事中途出去办私事，不写事假，我没有说话——因为我也这么干过。

有时，他们在上班时间玩游戏、干私活，我没有说话——因为我也想玩会。

在很多时候，"我不干"是个别同事的口头禅，干工作要价钱是他们的思维常规，少干点是他们的行为方式，但是，他们很少想过，自己不好好干工作应该少拿点人民的血汗钱，稍一罚款就会大喊冤枉，无理取闹。我知道这样想、这样做，对学校、对个人都是不好的，但是，我没有说话——因为有这样想法的人不止一个，我感到无力改变。

有时，他们语言尖刻，学校乱了，说领导无方；领导安排他一点工作，他却当儿戏，甚至推脱不干还自我感觉理由充分。尽管知道不对，但我没有说话——我感到领导有时候确实做得不周到。

有时，孩子一有点错误，他们就体罚或心罚孩子，个别人把孩子赶出教室，甚至赶出校园。他们不想想，自己不好好干工作，就要一下被赶出教师这一职业吗？为什么不从自己身上找原因呢？但是，我没有说话——当邪气上升的时候，正气会显得软弱无力。

有时，他们对工作毫不在乎：地面不干净熟视无睹；跑操不整齐任其散乱；开会手机响；严肃的升旗仪式上拖拖拉拉，还有说不完的话，在全校学生面前败坏教师群体形象；布置作业随口就来毫无计划，还不尽心批改；办公室里，垃圾满了无人倒，饮水机上尽是灰尘无人擦，桌面乱七八糟无人管，卫生脏得让人感到不是教师生活的地方。我没有说话——素质、责任意识到了如此地步，说话会有什么用处？

有时，他们不备课就上课，早读不辅导，未放学先回家，作业缺少真心批改，甚至对一个班的学生都从心里放弃了。我不忍心，但是，我还是没有说话——因为他们教的不是我的孩子，也没有我的亲戚。

有时，他们不好好上班，到处串岗，不干活还乱发牢骚，甚至煽风点火、无中生有。我感到气愤，做人如此，何以配当老师？但是，我没有说话——因为我感到位微言轻。

有时，他们违反纪律，不服从领导安排，还那么偏激地诽谤勇敢执行制度的人，恶意评价真心为我们操心的人。我感到不解，感到脸红，我不知道正义是否还在他们心中，他们不公正对待别人，怎么还好意思口口声声说别人不公平？但是，我没有说话——因为我不屑与他们为伍。

后来，教室里门窗玻璃坏了，没有人来维修；水管里的水哗啦啦地流出来，他们感到自己没有责任，甚至教干也眼睁睁地看着无动于衷，不肯把水龙头关掉，让其白白地流掉！他们不再上课，置父老乡亲的孩子于不顾，使我校无脸面立足社会。我感到痛心，从心底里哭了，但是我没有说话——因为在这所学校我已经感到无话可说了。

最后，学生纷纷转学，学校被称为垃圾学校，还被解散了，教师被分到东南西北，好像五马分尸，我无工作可干了，再也没有人为我说话了，只有自己给自己找工作了，往往还被贴上不光彩的标签：他是从被解散的学校出来的！

现在，我找到了一所新学校，或者说，我在这所学校里获得了新生，我会改变以往的思维和行为方式：

"学校兴亡，我的责任！"

"学校的事情，我来干！"

这不仅仅是句口号，更是我赖以生存的立足点。家里的事情没有人推脱是别人的事情，同样，在学校里，只有人人都喊出"学校兴亡，我的责任！""学校的事情，我来干！"学校才能成为学校，学校才能不被解散！

学校是我的学校。国有国法，家有家规，不按照制度出勤的人理应受到处罚，我要为按时出勤的人说话。

上班是我的职责。不好好上班的人是对整个教职工群体形象的伤害，我不能再为其辩解。学校的一草一木都是公家财产，我不会见财起歹意。我认为，公物不在多少，偷拿回家是对教师人品的侮辱，更会让教师团队蒙羞，见到此等事，我会蔑视，蔑视此事，更蔑视此人，并严正告知：做小偷不是合格公民所为，更不是培养合格公民的教师所为！我会真正以把学生培养成人为职责，遇到学生有问题，我会把学生既看成是孩子，又看成是亲人。

学生是家长的心头肉，就像自己的孩子是心肝宝贝一样，我要让从内心里爱学生成为习惯。我知道，十年后，二十年后，他们会对老师有个公正的评价！

学校是一个集体，必须有领导，否则将成为一盘散沙，我将以学校的荣誉为重，服从组织安排，有问题按照程序解决，不会赞成对抗领导的行为。

我将衷心感谢严格执行制度的人、主持正义公道的人，不会给违反制度的人舆论和行为上的支持，更不会做无理取闹的人，绝不会做有损学校声誉的人。

成就来自细节，习惯决定成败。我会从到校的第一刻开始，虔诚履行职责：见面问好，体现我的礼貌；诚实签到，证实我的契约精神；认真准备每一节课，对得住学生；把领导安排的工作当精品来完成。我将从心底里种上仁爱、宽容、责任的种子，遇事冷静处理，换位思考，做到双赢。

我需要自尊，同事同样需要自尊；我需要尊重，教干同样需要尊重；我想少干点，那别人就得多干点；我的孩子需要照顾，别人的孩子同样需要照顾；我病了，我的工作就需要别人帮助才能完成，我应该为耽误工作感到惭愧和歉意，更要感谢同事和领导的宽容，我知道，生病绝不是我不上班的理由，更不是我以后少干活的借口；除非解除了劳动合同，我不能以任何借口来亵渎工作，亵渎工作就是侮辱自己；我将不再因为一句话、一件不合自己意的事情就拿工作出气、拿学生出气、拿领导出气，我会做一个理智的人。

我会体会领导的难处，自觉服从他们的指挥。这是素养，更是素质所要求的。因为我也希望别人配合我，将心比心，当领导不容易。

学校是我赖以生存的基础，我的生活开支大多来自学校支付的工资，我的精神愉悦主要来自工作上的业绩。给学校增光添彩是我的职责，我将以不给学校、同事拖后腿为底线，努力为学校争光。同时，我将锻炼自己，发展自己，充实自己！

只有学校优秀了，才能展示我们的尊严和价值！

**文八：提高学校领导班子整体威信**

学校领导班子的威信决定着学校工作的执行力，决定着学校进步的速度，进而影响着学校发展趋势。决定学校领导班子威信的一般有两个方面：一个是领导班子，尤其是一把手的人格魅力；另一个是学校对教职工关注的焦点热点问题的处理是否得到教职工的认可。

焦点热点问题看起来很多，实际很简单，本质上都是公正公平公开地解决教职工付出和回报的问题。具体地说，在涉及教职工的切身利益时，能否照顾每个教职工的感受，取得教职工对焦点热点问题处理的最大认可。为此，就要做到以下几点。

首先，把教职工个体的牵挂当作重要参数来考虑。教职工个体的牵挂是一个人在学校中所具有的期盼和希望。一般来说，教职工都会希望学校越办越好，希望自己能受到尊重。要了解、理解、尊重每个教职工的期盼，甚至要谅解某些教职工在某些时候的不甚合理的期盼。每个教职工都有奋发向上的潜在心理，"学校优秀了，自己也自豪；学校差了，自己也尴尬"这是每位教职工的共识，很少有人希望学校垮台。要正确引导教职工的期盼。教职工的牵挂很多时候可能是基于对自己情况的一种设想，而对同事、领导，对年级、学校，对不同学科、不同岗位的认知程度、理解程度都不是很全面。这就需要正确引导，提倡人人都当家长、校长、局长，换位思考，抬高视野，拉长时间概念，拉大时空距离，通过一段时间的了解、磨合，每位教职工的牵挂都会有不同程度的改变。

其次，将教职工的牵挂形成共识，进而形成学校文化。在充分尊重每个教职工牵挂的基础上，由上而下、几上几下、反复讨论、不断认证，形成"办学理念、规章制度、工作程序、奖罚机制"等学校文化。特别是对教职工特别关注关心的焦点热点问题要形成共识，为今后解决此问题打下良好的基础。对焦点热点问题的处理要注意引导教职工换位思考：与学生换位思考、与家长换位思考、与同事换位思考、与校长换位思考、与局长换位思考。

再次，把文件落实在实践中，并在实践中不断完善文件。教职工关注的焦点热点问题，主要有职称晋升问题、荣誉问题、奖金问题。解决好这些问题，一要靠文件，二要靠大家。靠文件，就是对上级文件切实解读好，把握精神实质；靠大家，就是在认真解读上级文件的基础上，针对学校的具体实际，形成学校的具体落实意见。在形成意见的过程中，一定不要具体到个人，而是面向学校整体、全体教职工，一直找到"这个办法虽然不尽如人意，但是没有比这个办法更好的办法了"为止。有了这样一个共识，解决焦点热点问题就有了很好的基础。

最后，落实教职工的最大牵挂，赢得尊重和敬佩。不管是否有规章制度，上级文件是否符合实际，教职工之间是否达成共识，教职工最终关注的是个人期盼是否得到实现。因此，领导班子必须旗帜鲜明、光明磊落、公开公正公平地解决好职称、荣誉、奖惩等问题，将晋级、奖励（金）落实到大家公认的优秀教职工身上。

学校领导班子每公开、公正、公平地落实一件焦点热点问题，教职工的认可度就会提升一分，领导班子的威信就会增加一分。如果90%以上焦点热点问题的解决让教职工基本满意，领导班子的威信就会树立起来，学校的执行力就会大大增强，管理成本就会大大降低。

帕斯卡尔说过：人不过是一根苇草，是自然界最脆弱的东西，但人也是一根有思想的苇草。这启示我们要学会反思。教师的专业成长离不开反思，即教师要当一名思想者，要始终对自己的教育教学保持充分的职业敏感度，要善于从日常的教育教学工作实践中引发思考，不断地发现问题，分析问题，解决问题。教师反思的途径有很多，通过撰写教育记事、教学随笔、研究论文等，把自己在教育教学过程中遇到的点滴体会及时记录积累下来，能够有效地促进教师的专业化发展。有的教师坚持写教育日记，还有的教师开了教育博客，在博客上发表自己对教育教学的见解与主张，这都为教育反思提供了很好的范例。我国著名教育专家魏书生老师，有一个众所周知的良好习惯——写日记，无论是作为普通教师、校长，还是作为教育局局长，魏书生几十年如一日坚持写日记。他虽然学历不高，但是最终成为知名的教育专家，他的成功不正说明了教育反思的重要性吗？

## 第五节　教师业余生活文化建设

教师除了要有扎实的教育教学业务能力外，还要有丰富多彩的业余文化生活。为此，学校要着力给教师提供充实业余生活的平台，让教师在学校这个大家庭中有一种业余爱好，享受快乐人生。

一是为丰富教职工的业余文化生活，提升教师综合素质，设立书法室、电子阅览室等。

二是集体聚餐。这里的聚餐不是学校犒劳教师，而是教师们聚在一起，你打水，我洗菜，大家一起动手，共同劳动，共同分享劳动成果。

三是举办丰富多彩的教职工活动。为丰富教职工的业余生活，学校应经常举行丰富多彩的活动，如"最美情义，温暖你我"征文大赛，"情义文化杯"教职工摄影大赛，"情义文化杯"教职工羽毛球赛，等等。如此不但可以丰富教职工的业余生活，还能够极大地调动教职工教书育人的积极性。

# 第三章 学生情义文化建设

学生是学校的主体，是学校生存发展之本。教育的目的是培养人、塑造人、发展人、完善人，学校的一切教育活动都是指向学生发展的。学校的理念文化建设、教师文化建设、课程文化建设、校园环境文化建设都是为了学生文化的建设与发展。如何建设学生文化促进学生发展是重要的教育理论与实践研究课题。各级教育行政部门十分重视学生发展，《国家中长期教育改革和发展规划纲要（2010—2020年）》指出："培养德智体美全面发展的社会主义建设者和接班人。"《山东省中长期教育改革和发展规划纲要（2011—2020年）》要求："树立全面发展和人人成才的观念，坚持学思结合、知行统一、因材施教，创新教育内容和方法，根据学生成长的阶段特点，建立适应素质教育要求、相互衔接的培养模式。"为了更好地贯彻落实国家、山东省的教育精神，我们从研究学生文化的成因、特征等入手，以情义文化建设为抓手，从学生的德育文化、法治教育文化等方面加强对学生文化的建设，取得了可喜的变化。

# 第一节　学生德育文化建设

坚持德育首位，把提升学生思想品德素养作为学生发展的重要内容。著名心理学家埃里克森认为：青春期的学生处在自我同一性和角色混乱的冲突中，一方面青少年本能冲动的高涨会带来各种问题，另一方面青少年因面临新的社会要求和社会冲突而感到困扰和混乱。所以，青少年早期的主要任务是建立一个新的同一感或自己在别人眼中的形象。可见，这一时期的德育工作尤其面临巨大挑战，根据年龄特点采取适宜的德育方式引导青少年就显得格外重要。

什么是拉动学校发展的引擎？我们可以从赫尔巴特的话中得到启示："教育的唯一工作与全部工作可以总结在这一概念之中——道德。"这无疑是正本清源的说法。

教育部和山东省在各类文件中，多次明确阐述了德育的首要地位。学校在落实这一政策方面需要有更细致的要求，如明确德育目标、制定德育规划、完善德育制度，健全德育机构。在健全全员育人制度保障前提下，督促每一位教师树立全员育人意识，创建全员育人有效路径。为把德育工作做好，我们从以下几个方面进行了有益的探索。

## 一、德育的内容

德育的内容广泛而具体，涉及学生生活的方方面面，教师既要协调好这些内容，又不能有所偏废。学生的道德品质是由他们的道德认识、道德情感、道德意志、道德信念、道德行为构成的，偏重某一点显然是不对的。因此，确定德育的内容就要全面考虑这些因素。这里我们提出以下几方面较为重要的德育内容。

## （一）培养学生的自尊心和荣辱感

自尊心包含两方面，一是由自我评价产生的尊重自己的心理状态，二是希望别人（包括他人、集体和社会等）尊重自己的情感体验。自尊心是自我意识的表现，它以特定的方式指导着人的行动。自尊心是一种动力，它推动人们自爱、自信、自强，它也使人注意维护自己的人格形象。自尊心也是鼓励人积极向上、努力进取的内驱力。同时，由自尊而自重，使人在生活中、在与他人交往中，能够注重节操，自觉地要求自己。因此，自尊心是培养品德的重要内容。我们在进行德育时，要维护学生的自尊心，要培养学生的自尊心。学生保持着自尊心，就会有意识地克服客观存在的各种困难，也会克服主观上的各种缺点。

自尊心是德育的基础，但有时自尊心也会有不正常的表现，这也是德育中应注意的。因为不正常的自尊心会影响人的品格，会使人失去应有的道德情操。不正常的自尊心，一是自尊心过强，一是缺乏自尊心，这二者都会带来道德表现的偏离。自尊心过强会演变成刚愎自用、孤傲自负、虚荣自欺、自我陶醉、固执己见、不尊重他人，甚至目中无人、贬低他人以抬高自己等。有些青少年学生，由于各种原因，从小就恃强自负，只要求别人尊重自己，而不去尊重别人，不能客观地听取别人的意见，甚至发展成唯我独尊。对这些青少年如果不加以教育，他们就会人格缺损，成为一种缺乏道德的人。另外一种青少年缺乏自尊心，不自重、不自爱。对自己没什么要求，当然就不会注重自己的人格。他们会成为两种人。一种是自轻自贱，自暴自弃，自认为低人一头，凡事甘愿落在后边，或者不求上进，得过且过。另一种是对别人给自己的评价持无所谓的态度，好也不喜，坏也不忧，不希求别人的尊重，生活没动力，学习没动力，对道德表现也持无所谓的态度。他们一旦有违背道德要求的行为，很难通过教育改变。缺乏自尊心主要是后天造成的，经常地不受尊重，经常地受到惩罚，经常地被贬损和侮辱，在生活中缺乏温暖，缺乏师长的保护等，都容易使人丧失自尊心。因此，塑造青少年的正常的自尊心，改变他们自尊心过强和缺乏自尊心的状况，是德育的重要内容。

荣誉和耻辱是相对的概念。所谓荣誉是对道德行为的社会价值所作的客观评价和自我认识。这种客观评价和自我认识是人们都公认的，因此荣誉感才有价值，才使人产生被肯定的情感体验。正因为有这种意义，荣誉感才能推动人自觉地履行道德义务，自觉地恪守道德规范。荣誉是一种精神力量，是人们在社会生活中对履行社会义务的行为、对有道德的行为给予的肯定性评价，给予的承认和褒奖。此外，荣誉也是一种自我意识，即个体对自身行为的社会价值的自我判断，我们常说的知耻心、自尊心、自爱心都属于这种意识的反映。

羞耻心是对自己不道德的行为进行谴责的一种羞愧心理，也是遭受耻辱后产生的一种情感体验。羞耻心是一种道德意识，每一个正常人都具有这种意识。羞耻心来源于对违背公认的道德准则的自我谴责，应该说是做了不道德的事情后的一种积极意识。它能给人以动力，催人改正错误，也使人们由于羞耻心而调节自己的行为。由于有羞耻心，人们能够去约束自己，甚至去强迫自己不做不道德的事，为了避免羞耻还要去做符合道德的事。这样羞耻心就有利于人形成良好的道德品质。有时候羞耻心可以作为道德形成的一种动因，迫使一些人不敢做违反道德的事，虽然这算是一种被动，但同样能起到调节行为的作用。反之，没有羞耻心的人，则难以避免犯错误和改正错误，没有羞耻心也就没有自尊心，因此道德对他们就没有约束力，有时候没有羞耻心的人明知不该做的事也敢去做，甚至明知是十分卑劣的事也肯去做，这时候道德约束在他们心中已不存在了，或是恬不知耻，甘愿跨越界限，做不道德的事。学生中的大多数人还没有到失去羞耻心的地步，少数人虽然羞耻心不强，但也不是事事如此。教师要正确地看待他们，全面地分析他们，要保护他们还存在的某些羞耻心，这样他们就会逐步增强荣誉感。

我们之所以把自尊心和荣辱感列入德育的首要内容，是因为认识到德育不能就事论事，不能着意于从行为上"修理"，而要从观念上、情感上培育。增强了自尊心和荣辱感，就会对道德行为起到调节和强化的作用，就会从心理上感到不道德的事不能做，也会由自尊心和荣辱感形成一种克制力。这在德育中是极为重要的一环。自尊心和荣辱感既然是一种驱动力，那么它们就会带来一定的自觉性。有时道德行为的调节是无法监督的，这就要靠行为者自觉地做或不做。这种自觉性就常常来源于自尊心和荣辱感。这种意识逐渐加深并与自己的行为联系起来，就会形成道德的自觉性。所以在德育中，教师要把培养自尊心和荣辱感作为重要内容，并不断予以强化和引导。

培养学生的自尊心和荣辱感，主要是尊重学生，平等地对待学生，并十分注意维护他们的尊严，维护他们的人格。一些老师以为学生是自己的教育对象，只要求他们尊重老师，而不要求自己尊重学生，不能平等地对待学生，甚至伤害他们的自尊心；有的老师动辄训斥学生，辱骂学生；有的老师在进行班级管理时让一些学生"监视"另外一些学生，或是用少数所谓"骨干"去获取其他学生的表现"材料"；有的老师不保护学生的隐私，随意揭学生的短处；有的老师任意惩罚学生，让学生做丢面子的事……这些都对培养学生自尊心和荣辱感极为不利，甚至会伤害学生。有些老师在德育中常常觉得用一些严厉的办法比较"立竿见影"，尤其是低年级的老师往往有这种体验。从眼前的效果看，这的确是不能不承认的事实，但教师要进一步想一想，教育学生是为了什么。弄清了这一点，老师就容易负起教育的责任，特别是在德育时，就容易在学生的各种表现中，在学生的各种矛盾中，能够心平气和，能够尊重学生，能够使学生在自尊心和荣辱感的推动下，悟出真、善、美，做有道德的人。只有在这种情况下，学生才能真正受到教育，才能成为德育的主体。

## （二）培养学生推己及人、和睦亲善的美德

道德的根本问题是如何摆正自己和他人的关系，即能够推己及人，与人为善。这是道德的最基本的要求，也是德育的一个基本内容。推己及人是指在为人处世时将心比心，设身处地为他人着想。这既包括"己所不欲，勿施于人"，又包括"己欲立而立人，己欲达而达人"。推己及人的要旨是不以自己为中心，为人处世不从自己出发。这是中华民族的传统美德。以此作为道德要求，就能够处理好个人与他人的关系，在与人交往中不自私、不狭隘，尊重他人的利益，也不会因自己的利益而损害他人的利益，这样就形成了人与人利益关系的正常状态。推己及人，凡事都将心比心，也能够增加对他人的理解。当个人从自己的利益出发，以自我为中心的时候，就很难理解他人，有时很容易解决的问题，也会陷入僵局，无形中增加人与人之间的矛盾。当个人以自己的利益为中心时，私欲势必会膨胀起来，也势必会损害他人的利益，会损害社会的利益，这当然就是不道德的，为社会所不允许的。在与人交往时，有时候会很自然地去维护自己的利益，这也是正常的，因为取得和保护合理的个人利益是道德的，是应该的。问题是，在社会生活中，人们都去维护自己的利益，就会发生利益的碰撞，而避免这种碰撞的重要手段之一就是恪守社会道德准则，推己及人正是这种道德准则的表现。

教育学生凡事推己及人，遇事情总要想想别人，并不是很容易的事，但德育要以此为重心，总是这样要求学生，最后是能够起到良好的效果的。进行推己及人的教育的有效办法是示之以行，单靠说教是很难达到目的的，教师要设置各种能够体现推己及人的情境，给以示范，并且要求学生在行动上表现出来。同时要经常地、反复地给予鼓励和引导，使学生在与人交往中，能够很自然地想到他人，并调整好与他人的关系。应该说推己及人还是较基础的道德境界，老师还要在此基础上把这种教育引向深

入，即教育学生主动地去想着别人，主动地为他人的利益、为集体的利益去付出，甚至做出某些牺牲。这就是助人为乐、舍己为人，这也应该是德育要提倡的内容。我们历来反对"各人自扫门前雪，莫管他人瓦上霜"，历来鄙视"事不关己，高高挂起"，因此教育学生助人为乐、舍己为人是有着植根于民族心理的深厚的认识基础的。教师要充分利用这种为社会所公认的道德观念去教育学生，要引导学生批判自私自利，批判"人不为己，天诛地灭"的错误思想。

人际关系道德要求的另一点是和睦亲善，人与人的交往，都要以和睦亲善为基础，这也是中华民族的传统美德所强调的。教师要教育学生学会与人相处，并把这种相处提到道德意义的高度。首先要培养学生的恻隐心、同情心，使他们充满仁爱的感情，更主要的是要教会他们爱，教会他们去爱美好的东西，教会他们去爱别人，同情有困难的人、不幸的人。这样从道德情感到道德实践，学生就会逐渐形成恻隐心、同情心，形成与人和睦亲善的美德。其次要教育学生严己宽人，不做无谓的计较，不嫉妒别人，不贬损别人抬高自己。教师不能允许学生嘲弄有某种缺陷的同学，不准学生歧视犯错误的同学。教师要特别留心，不论事情大小，凡是不与人为善，凡是不尊重他人的言行，都要进行教育，并且有时要"小题大做"。最后要建设和睦亲善的环境，要使班级充满友爱与和谐，因为这样的环境本身就有教育意义，本身就对学生的道德养成有重要作用。

## （三）培养学生诚信刚正的美德

诚，是指人们要真诚而不虚伪，要专一而不浮躁，要纯正而不狡诈。信，是诚实，守信用，说话一定要兑现，不讲假话，不讲空话。

诚信历来被视为人的美德，人要取信于人，要在人际交往中被人尊重，要在社会生活中立住脚跟，必须要讲诚信。在德育中把诚信教育列为基本内容，其意义在于诚信是做人立事的根本，失去这个根本，不仅会对学生个人发展造成不良影响，也会给社会带来危害。社会上讲谎话、说假话的现象，对青少年学生有着深刻的影响，有时讲假话并无恶意，有时是直接教孩子或学生说假话，这些都会在他们心灵上留下很深的烙印，积攒起来就会成为一种不良的道德品质。比如，当领导来检查工作时让学生作假；有人来学校听课时让学生演假；让学生去做什么事的时候，教他们如何编假……在家庭教育中，这种有意无意的影响，更是屡屡出现。可见孩子不讲诚信应该说是从教师、家长、社会上的一些人那里学来的。这些现象有人并不认为是什么大问题，甚至有时候一边教孩子讲诚信，一边又在某种事情上教孩子说谎，这样实际上就形成了教育的虚伪，失去了诚信教育的力度。更有甚者，还认为这样做才是教给学生适应社会的"本领"。这更是大谬了。的确，社会上弄虚作假的现象是存在的，但绝不能教育孩子去适应这种现象，学习这种"本领"。这不仅有悖于做人的道德，而且孩子一旦养成这种习惯，就难免会在生活中处处碰壁和遭人唾弃。进行诚信教育在观念上和实际行为上都有干扰因素，加之，学生在生活中往往感受到不讲诚信有时会得到一些近"利"，所以其自身也会产生某些不诚信的行为。由此可见，培养诚信美德是教师工作的重要课题，必须在一点一滴中，在各个方面、各个环节上下功夫。

使学生真诚、诚实、专一、纯正是培养有道德的人的一项巨大工程。与此相联系的，也是更高一层的道德要求，是培养学生刚正的品格。刚正是一种气节，是在做人真诚、诚实、专一、纯正的基础上发展出来的，是在战胜自己、克服困难中才能达到的道德境界。这也是德育较深层的工作。中国古代在人格道德上素来追求刚正不阿的品质，孔子说"三军可夺帅也，匹夫不可夺志也"，孟子说，"富贵不能淫，贫贱不能移，威武不能屈"，都是对刚正不阿作的最完整的注解。对学生进行气节的教育不仅是使学生个人品德完善的问题，而且对社会道德风气、对国家和民族的未来都有深远的意义。人的气节既可以在困难的时候，在贫穷的时候，在为某种事业进行艰苦卓绝的斗争的时候表现出来，也可以在个人生活比较富足的时候表现出来。社会上存在的媚富、媚俗，在学生中必然会有所反映；为了追求某种利益，不要国格、不讲人格的表现，在学生中也会有所反映；在金钱和权势面前忘乎所以，失去做人的准则，在学生中也会产生影响……这些都是失志的表现，都是与做人的道德不相容的。德育绝不能只看重行为教育，而忽视塑造刚正不阿的道德品质，要使学生在品格上"柔亦不茹，刚亦不吐，不侮矜寡，不畏强御"（《诗经·大雅》），"宁为兰摧玉折，不作瓦砾长存"（《史通·直书》)，这样才能培养出真正的栋梁之材，民族才有希望。

进行诚信刚正品格的培养，教师要认真思考，领会其重要意义，同时要认真策划，使其成为一项完整的工程。在教育中要抓住以下几个方面。第一，要做好榜样示范，使学生头脑中充满诚信刚正的榜样人物。教师自身也是学生的榜样，要公正、刚直、专一、言而有信，使学生感受到教师"言必信、行必果"。长期这样做本身就是一种有效的教育。第二，要充分信赖学生，与学生形成坦诚和谐融洽的关系，使学生对老师充满信任感。同时，建设一个坦诚的环境，使学生在班级中能畅所欲言，无压抑感；使班级中没有说假话的条件，使人人都觉得说假话可耻。这样的环境能陶冶学生坦诚正直的性格。第三，要严格要求和积极鼓励学生，在任何时候发现学生说假话、说空话都要进行严格的教育，即使是"小题"也要"大做"，让学生感到老师对说假、作假行为深恶痛绝。要对学生中诚实、正直、专一的行为，给予积极的肯定和鼓励，使学生感受到诚信刚正是为人称道的光荣的体验。诚信刚正的品格与学生接触的各种环境，特别是家庭环境有很密切的关系，有些学生从小就沾染了或养成了投机取巧、见风使舵、善于说谎的习惯，有时候在这个问题上教育纠正了又在另外的问题上表现出来。这就要教师下大气力，对他们一点一滴地加以教育，最终是可以取得一定的效果的。

### （四）培养学生勤劳节俭的美德

勤劳节俭是人的大德，可它常常被忽视，甚至未被列入德育的内容中来。勤劳是指勤奋、努力、积极进取、热爱劳动、勇于克服艰难困苦的道德品质。从大的意义上讲，人的进步、科学的进步、整个社会的进步，都是勤劳的结果，世界上没有唾手可得的成功。从个人角度来讲，勤劳才可能进步，才可能战胜困难，才可能取得非凡的成就。可以说大勤劳能获得大成就，小勤劳能获得小成就，不勤劳则一事无成。与勤劳相反的是好逸恶劳，不思进取，害怕困难，得过且过，引申下去就是及时行乐，追求吃得好、喝得好、玩得好。人都有惰性，不思勤劳，崇尚享乐，很容易腐蚀人的头脑，支配人的生活态度。这里涉及对人生意义的看法问题，也涉及如何让青少年看待人生欲望的问题。享乐只是现在的东西，没有永恒的价值，青少年的享乐，只是享受别人的勤劳成果，而生命不是一瞬间的事，耽于享乐其实是空耗自己，最终将一无所有。人生的欲望是多样的，不可否认人有享乐的欲望，可是人还有向往成就和取得荣誉的欲望。追求享乐的人生，是不完整的人生，是无法取得心理平衡的人生。人们所说的物质上的富翁，精神上的贫困者，正是这个意思。

教育学生养成勤劳的美德，就是要教育学生从对生活的肤浅理解和眼前的利害中解脱出来。13世纪波斯诗人萨迪曾说过这个问题，他说："世人往往如此，当他们不懂得生活价值的时候，就会一味地纵情逸乐。"他又说："无论博学之士，还是圣明雄辩的人物，只要他一旦羡慕浮世的荣华，便是跌在蜜里的苍蝇，永难自拔。"这个道理是极其深刻的，没有对生活和人生的深刻理解，是体会不了的。要让学生认识到，我们生活中的一切美好的东西，不是大自然的给予，也不是上帝的恩赐，而是人类代代勤劳奋斗，披荆斩棘，克服一个又一个困难，战胜一个又一个艰险所取得的。人类的历史，是人类斗争、开创、奋斗的历史，是人类辛勤劳动的历史。要教育学生崇尚勤劳，并视之为必须具有的道德修养。

当然，勤劳是一种美德，是要学生发扬的一种精神，并不是讲勤劳就不要生活的欲望。正如法国科学家比埃尔·居里所说的："我们不得不饮食、睡眠、游乐、恋爱，也就是说，我们不得不接触生活中最甜蜜的事情，不过，我们必须不屈从于这些事物。"这是教育学生要有勤劳美德时值得注意的问题。

节俭是修身养德的重要条件，是传统美德的又一表现。提倡勤劳也要注重节俭。诸葛亮曾告诫他的子孙后代"静以修身，俭以养德，非淡泊无以明志，非宁静无以致远"。节俭是思想上朴素，作风上朴素的表现，它的反面是奢侈、浪费。节俭的品德具有以下几个特点：一是睹物思源，认识到其来之不易，尊重他人劳动。二是严格要求自己，认识到节俭是人的正确生活态度，尊重自己。三是有对社会的责任感，认识到"历览前贤国与家，成由勤俭破由奢"，有社会主人翁意识。四是有高远的追求，认识到"清贫、洁白、朴素的生活，正是我们革命者能够战胜许多困难的地方"（方志敏），有远大理想。

正因为节俭对人生十分重要，所以在德育中对其要有足够的重视。有的人认为生活好了，可以不讲节俭，这是一种肤浅的认识，"生活好了"与"节俭"是两回事，不是因为穷才倡俭，而是节俭是一种美德，是成就事业必须具有的品德。试想一个好吃懒做，奢侈浪费，挥霍无度的人，怎么能形成进取的精神，怎么能克服重重困难去成就功业，又怎么能脚踏实地地艰苦奋斗。

培养勤劳节俭的美德要从生活中的具体事情做起。一要提倡。讲清勤劳节俭的内容，讲清勤劳节俭的意义，讲清怎么样才算勤劳节俭，在不断的提倡中在学生心目中形成强化点，有益于他们形成勤劳节俭的美德。同时，要告诉学生社会上、学校中不勤劳节俭的种种表现，让学生遇到同样的情况，不去那样做，或是反对那样做。这样就会在学生心目中形成一种界限。要教育学生分清正常的生活需要与勤劳节俭的界限，必要的消费与浪费的界限,好逸恶劳与正常的娱乐的界限。二要强化舆论监督。勤劳节俭都是在日常生活中表现出来的,因此舆论就有监督约束和导向的意义。教师可以通过各种形式来强化舆论监督,评论会、讨论会、班级小报、黑板报都可以发挥应有的作用。教师要成为舆论的主导者,要把握舆论的动向,这样能使勤劳节俭的教育产生更好的效果。三要引导学生躬身实践。培养勤劳节俭的美德,提高认识很重要,而更重要的是在实践中形成习惯。四要持之以恒,要求适度,要形成一种环境氛围,着眼于这种品德的陶冶和铸造。

## (五)培养学生遵守社会公德和行为规范的品德

社会公德和行为规范是德育的基础环节,是学生表现中更可见的部分,是人们评价学生道德修养的直接依据。学生的举止行为是学生在社会生活中给人的第一印象。学生的举止行为又是他们的道德修养水平的体现,这种水平既反映了他们受教育的程度,也反映了他们真正的道德水准。学生的举止行为是一个国家和民族的文明程度的体现,也是一个社会风气好坏的一种能见标尺。判断学生的举止行为,评价他们行为表现的尺度就是是否遵守社会公德和行为规范。所谓社会公德是社会中全体成员为了使社会维持正常秩序所必须共同遵守的道德准则。这是对社会成员最基本的要求。社会公德与个人私德有共同性,如遵守公共秩序、维护社会安定、履行社会义务、爱护公共财物、保护环境、伸张和维护社会正义、济困救危、扶老携幼、讲究文明礼貌、帮助残疾人、发扬人道主义精神等。

遵守社会公德必须要树立自觉的观念,德育的立足点应放在帮助学生确立这种自觉观念之上,使学生能够从社会大局出发遵守社会公德。在实际生活中,我们往往看到,学生不遵守社会公德,不是对社会公德的要求不知晓,而是不自觉,没有形成很强的自律意识,所以教育学生自觉遵守社会公德就十分重要。社会公德是对社会上每个人的要求,因此人们的社会公德的表现，就被视为社会风气的一部分。社会文明程度低，人们道德自觉性普遍较差，社会公德就常常被破坏，这也会对青少年产生影响，使他们觉得是否遵守社会公德是无所谓的事。有的老师也不注重这方面的教育要求，往往就事论事。社会公德所要求的内容相当多，其中有不少内容不仅仅是行为上的，而且更重要的是思想观念上的。自觉遵守社会公德是良好的思想修养、良好的道德修养和良好的文化修养的表现，进行社会公德教育，不能局限于道德行为的要求。

同社会公德相联系的，社会道德生活中另一重要要求是道德义务。任何人在与他人的交往中，不管其主观意识如何，总是要去尽某种义务。所谓义务是个人对他人和社会所承担的道德责任，也是一定社会的道德原则和道德规范对人们行为的要求。在政治和法律上，义务是与权利相对应的，但在道德上，义务在一定程度上是以牺牲个人利益为前提的。就是说道德义务表明个人对社会和他人承担责任，同时也表明社会和他人对个人行为的要求。从这一角度来理解，道德义务与社会公德就有密切关系，人们总是生活在一定的社会关系当中，因此人们都必须担负一定的使命、职责。从个人角度来讲，这种使命、职责的体验就是义务，同时这也是对社会的一种贡献。我们所说的社会公德的内容，有许多都包含着道德义务在内。当然，恪守公德与履行道德义务应该是自觉自愿的，发自内心的。因此道德教育中，要培养学生自觉的道德义务感。学生的这种自觉性越强，就越会更好地去遵守社会公德。

中小学生的道德行为教育，主要是《中小学生守则》和《小学生日常行为规范》《中学生日常行为规范》中所包含的内容。这两个日常行为规范和守则包含着对中小学生养成教育的基本内容，对中小学生文明礼貌、行为习惯起着基础性的作用。日常行为规范是中小学生精神面貌与文明修养的具体表现，也是德育的最基础的内容。它体现了规范的特点，即是中小学生所必须遵守的行为标准，是不能改动和背离的。因为是中小学生日常行为必须遵守的准则，班主任就要不遗余力地在各个方面对学生进行严格要求，这也是老师的基本工作任务。

中小学生日常行为规范，其中也包含政治内容、思想内容。在具体教育活动中，可以结合起来进行。

对学生进行日常行为规范教育时，要注意不能随时随地去指责不守规范的学生，那样会把学生管死，管得只在老师面前装成某种样子。同时老师又要随时随地地进行这方面教育，不能使学生陷入没有管理、没有约束的状态。协调这种关系，主要是要使规范成为一种深入学生心中的自觉要求。做到这一点就必须使学生先明了规范的内容要求和意义，不了解内容和意义就无法自觉地遵守。只知内容不知意义，学生就会总在被动中，在他律中对待规范。从他律到自律是一个过程，在这个过程中老师要发挥三个作用。一是建立一种约束机制，用舆论、用评价、用必要的奖惩、用反复强化的手段来促使学生遵守规范。二是在晓之以理、动之以情之中，给学生作出榜样，使他们感到有样可循，知道怎么去做。这个"样"包括教师的身教，包括学生中的模范事例，包括社会上的文明事例。三是要营造一种氛围，包括班级环境，同学之间、师生之间的人际关系，尤其是班级中文明礼貌的风气以及良好的班级文化，等等。日常行为规范是道德观念、思想修养和文化修养的综合表现，要使学生不粗俗、不粗野，仅仅明了规范还不够，还要提高学生的文化修养和品德素质，这样他们才能真正文明起来。

综上所述，对学生进行品德教育对他们一生都有重要的意义。这项工作关系到学生的精神风貌和现实表现，也会影响到社会的文明程度和社会风气。这是既关系到现在又与将来有密切关系的工作。这种教育又有很强的社会制约性，即社会的现实风气，直接制约着对学生的道德教育。利用和改变这种制约，是道德教育中必须解决的问题。道德教育的内容涉及各个方面，必须综合进行，单纯就学生行为提出教育要求，效果往往不尽如人意。

（六）培养学生的自律意识和能力

自律是自我约束，严于律己。在人的生活中，自律是一种很高的道德境界。在道德教育过程中，使学生形成某种道德品质，最终都是由自律实现的。"胜人者有力，自胜者强"，自我约束、严于律己其实是人的内部道德环境斗争的过程。在某种利益冲突表现激烈的时候，在欲望与道德准则发生矛盾的时候，能否自律就成为人们是否具有道德行为的关键。许多道德上出现问题的人，并不是他们"不知"，也并不是他们没作自我斗争，而是他们不能战胜自己，不能够自律，或是他们缺乏自律意识。这就告诉我们，实施道德教育，培养学生良好的道德品质，突出自律意识和能力的培养是重要的内容。

学生道德意识和能力的形成，是一个战胜自己的过程，即能够用道德规范和道德准则，排除不正当利益的诱惑，拒绝不正当的需要、欲望、情感……这是一个艰难的过程，有时甚至是一种痛苦的抉择，也是一个曲折、反复的过程。在这一过程中由点到面，从道德形成的不自由到逐步获得自由，最后就是道德自律的境界。教师对学生实施德育，要取得真正的效果，就必须紧紧地抓住这一点，这才是品德教育的根本。当德育环境不尽如人意，对良好品德的要求不断地提出挑战的时候，教师就要坚定地抓住根本。"头痛医头，脚痛医脚"，只追求暂时的效果，是舍本逐末的表现。

学生品德行为的表现非本色的东西很多，言行不一、口是心非，人前人后的不同形象，在某种特定的环境，受到某种激励时的表现……这些都向德育提出了问题。仔细地往深层次上思考一下可知，这些都是德育的失败，种种表现几乎可以伴随人的一生。第一，利益和欲望是人总要面对的，甚至每时每刻都在产生影响；人的意志有时又很薄弱，会选择不当的利益。第二，学生会在某种特定的条件下，选择道德行为，但特定的条件消失后，他们又会有另外的表现。这都说明德育的复杂性，其归因就是人形成真正的自律意识和能力是相当不容易的。这种不容易突出地表现在，如何把握合理的个人利益，不艳羡他人的所得，在欲壑难填时，用意志和毅力克制自己，在可以放纵的时候能够约束自己，在一些人"那么做"的时候不去随波逐流，不见钱眼开，不见利忘义，不见色起心，不见富生羡，不见赌手痒，不去做不该做的事……教育学生形成自律的意识和能力，这些都是其中的一些主要内容，把这些内容融进德育的过程中，活化为具体的教育素材，持续地，多角度地，多方面、多层次地进行这种教育活动，是可以收到良好的效果的。一要对学生进行自律意识和能力的培养，要反复在认识上不断深入和强化，使学生形成自律意识的主体思想和要求。二要给学生多方面示范，宣传自律的典型和事例，使学生心中充满这种形象和事迹；也要以不能自律产生的恶果，给学生以鉴戒。三要发挥学生的主体能动性，使他们成为教育活动参与者。比如，组织学生搜集这方面材料，利用一定形式相互沟通、交流；组织学生寻找身边的自律或不自律的表现，以形成广泛的教育舆论。四要教育学生自尊、自重、自爱、自强，凡事三思而行，学会战胜自己。

## 二、德育的艺术

重视学生德育已成为教育工作者的共识，特别是班主任为此进行了有效的研究和探索，创造出不少新的经验和方法。但是，我们也要看到，德育确实也不同程度地存在着理论与实际相分离、教育主体与客体相对立、教育内容与形式相背离、学习知识与行为实践相脱离等现象，严重影响着学校德育的效果。因此，班主任要在对学生进行德育的过程中，坚持贴近实际、贴近生活、贴近学生的原则，遵循思想品德形成的规律和学生身心发展的特点和接受能力，从他们的思想实际和生活实际出发，采取他们喜闻乐见的形式，寓教于乐，循序渐进。坚持知与行相统一的原则，既要重视课堂教育，更要重视实践教育、体验教育、养成教育，注重学生自觉实践，自主参与，引导学生学习道德知识，自觉遵循道德规范，培养学生良好的道德品质。这就需要班主任致力于研究并掌握对学生进行德育的艺术。

## （一）说理教育艺术

说理教育是通过摆事实、讲道理的方式来教育学生，转变学生的思想意识，使学生心悦诚服地接受道理，真正做到以理服人，培养学生辨别是非善恶的能力。说理教育要注意以下几点。

第一，有"理"。马克思在《〈黑格尔法哲学批判〉导言》中指出，"理论只要彻底，就能说服人"。所谓彻底，就是抓住事物的根本。老师必须要抓住一个"理"字，把道理讲透，用真理服人。说理要有理，用理去分析、启迪学生的心灵，用正理说服歪理，用大道理管小道理，从小道理引出大道理。例如，班上有个学生非常爱打架，一次他将一位同学的鼻子打出血了，还振振有词地辩解道："我是不小心打着他的。"他想以"不小心"来推卸责任，教师便可抓住"不小心"这一关键词进行说理："你知道不小心是什么意思吗？那是你不想做错事，但是由于一时疏忽犯了错误才能说不小心，而你明明知道打人本身就是一件错事，你能说你在故意犯错误的时候又不小心犯了错误吗？"教师有理有据地说道理，使学生提高认识，接受教育。

第二，有"时"。说理应把握最佳时机。《礼记·学记》中有句话："当其可之谓时。"也就是说，要根据学生的特点，选择适当的时机进行说理教育。只有把握时机，掌握火候，才能收到良好效果。有时话谈早了，条件不成熟，反而会火上浇油；谈晚了，往事烟消云散，失去作用。班主任要善于抓住谈话的最佳时机。例如，当学生受到奖励时，班主任要充分肯定成绩，也要提醒他们戒骄戒躁，确立新的目标；在学生做了错事而不服气时，班主任应冷观其色，待学生怒气消后再同其谈心；在学生遇到失败，受到挫折，情绪低落时，班主任要先从侧面全面了解原因，并及时地表示关心理解，给予力所能及的帮助，然后再实施教育，这样往往会收到事半功倍的效果。

第三，有"心"。对学生的说理教育是一种师生心灵的沟通，要以心交心。说理要有信心，包括教师对自己所讲的观点、道理具有真切的理解和坚定的信念，对学生思想行为的转化要有信心。说理要有爱心，对学生要充满热情、关爱，创造轻松愉悦的氛围。说理要有耐心，以理服人，真正要学生服气，总要有个过程。班主任要允许学生思想行为有反复，要有足够的耐心，切忌简单急躁，急于求成。说理要能动心，说理的最终目的是动其心，导其行。教师在说理中要以自己良好的人格、优美的语言、丰富的表情、得体的穿着对学生产生强烈的感染力和影响力。

第四，有"度"。说理是老师与学生面对面的直接对话，要把握好尺度，针对不同学生的性别、年龄、性格而采取不同内容、不同方式的说理，不能因为自己的情绪，而不顾及学生的感受，说一些有损学生自尊心的话，更不能辱骂、讽刺、挖苦学生。

第五，有"趣"。心理学告诉我们，人们对感兴趣的信息易于接受，受教育者自己愿意接受的东西必须是和自己的兴趣爱好相符合，与自己的实际需要相联系的。因此，教师说理要从学生关心的事或感兴趣的问题谈起，从学生的需要出发，再循循善诱地进入主题。这样能缩短师生之间的心理距离，能使学生乐于接受教师的观点。有时教师的一个玩笑、一个比喻、一句幽默的话或一个生动的事例，便能轻而易举地解决一个思想问题，化解学生的困惑。

## （二）情感陶冶艺术

情感陶冶就是利用教师的爱和各种情境中的教育因素对学生产生潜移默化的影响，使之耳濡目染，心灵受到感化。

爱是学生成长的基本需要。每个人都需要爱，渴望爱，尤其是儿童、青少年时期更加需要爱。爱是教师高尚的行为，爱是一种动力，爱可以激发一个人去从事最艰难，甚至最危险却很有价值的活动的欲望。爱是教育力量的源泉，是教育成功的基础。但爱不能自发产生，爱要从接受爱的教育开始，爱需要培养，教师需要为学生创设爱的情境。

热爱学生是教师的天职。爱具有强大的教育力量，它是打开学生心灵大门的钥匙，它是转化学生思想行为的催化剂。苏霍姆林斯基说："我们的工作，就其本身的性质和逻辑来说，就是不断地关心儿童的生活。请你任何时候都不要忘记：你面对的是儿童极易受到伤害的、极其脆弱的心灵，学校里的学习不是毫无热情地把知识从一个头脑里装进另一个头脑里，而是师生之间每时每刻都在进行的心灵的接触。"因此，我们要全身心地热爱每一位学生。对于长得不够美的学生，要让他们明白，一个人真正的美在于心灵美；对于家庭贫困的学生，可以伸出援助之手帮助他，用丝丝语言温暖他；对于父母离异的学生，可以发挥班集体的力量去感化他，使他不再有失落感；对于学习落后的学生，要宽容，用发展的眼光看待他，有进步就应及时鼓励他。当学生失落或受到挫折时，能循循善诱，使他重新树立信心。若老师能时时这样传递爱的情感，洒下爱的甘霖，定会得到学生的爱戴，而且会给学生的人格、学习带来非常深刻的变化。

热爱每一个学生，要求教师在日常工作中，放平心态，始终用一颗平常心、用一种平等的眼光来看待学生并和他们交往，努力在师生中营造家庭的氛围，努力把家庭成员之间的亲情引入班级管理中来。要用一种家庭成员之间交流的口气和学生谈话：会亲切地叫他们的小名，会在课余时间和学生聊一些家庭的事情，会在学生生日时送上一张贺卡……这些看似很小的事情，却能在师生之间架起座座感情的桥梁，让学生感到师生真是一家人，真正体会到老师是为他好。这种爱的教育，容易使学生的心灵受到感化。

情感陶冶既能体现教育者对受教育者无私的爱，又能置受教育者于一种活动情境之中，从而在情境的感染熏陶下，渐渐地达到陶情冶性之目的。情境陶冶的形式是多样的。

首先，创设良好的情境。良好的情境是陶冶的条件，教师应该千方百计地创设良好的教育情境，如节日情境、模拟情境、角色情境等。

其次，引导学生参与情境的创设。教师要对学生进行环境知识教育，培养学生欣赏环境的能力，引导学生创设班级文化，如学习园地、英语角、宣传墙报等。

再次，利用自然环境陶冶教育学生。教师可以利用祖国的锦绣河山、名胜古迹让学生抒发奔放的豪情。如有的教师在对学生进行爱国主义教育时，开展了"看、访、写、画、唱、听、展、讲、做"的九字爱家乡活动；又如为挖掘环境的教育资源，江苏省江阴市借助"十大阵地"，即一江（长江）、一山（黄山）、一厂（江阴钢绳厂）、一村（华西村）、一军（黄山驻军）、一船（渡江第一船）、一堂（徐霞客纪念堂）、一馆（江阴市文化馆）、一街（澄江镇人民路）、一人（先进人物），对学生进行教育。他们利用环境，寓教于动，寓教于趣，寓教于乐，取得了良好的教育效果。

最后，借助艺术手段进行陶冶教育。教师可以借助音乐、美术、文学、戏剧等艺术手段来对学生进行教育。对此，古今中外教育家早有公论，王国维曾经指出："美育者，一面使人之感情发达，以达完美之域；一面又为德育和智育之手段，此又教育者所不可不留意也。"教师教育学生欣赏艺术，学会感知美、鉴赏美、创造美。如一曲《春江花月夜》可以把学生引入一种神话般的优美意境之中；一首诗、一句格言，甚至可以影响人的一生；一部优秀的影片，可以催人泪下，唤起共鸣，净化人的心灵。

### （三）善用表扬艺术

表扬是对学生好的思想和行为给予肯定的评价，其目的是使受表扬的学生明确自己的优点和长处，并得到进一步的巩固和发扬。它是一种积极的强化，是调动学生积极性的重要手段。心理学研究表明，对人们的良好思想和行为作出肯定的评价，能使人产生愉快的情感体验，受到鼓舞，激发出更大的积极性，从而激发出追求新目标和进一步成功的强烈要求和愿望。表扬不仅影响着受表扬者，还会教育其他学生。因此，教师要善用表扬艺术。

第一，表扬要准确。对表扬的事实不夸大，不缩小，客观公正。教师要对表扬的事实作全面深入的调查研究，弄清真相，不能道听途说，偏听偏信。表扬不准确，甚至张冠李戴，不但会失去表扬的意义，还会降低教师的威信。

第二，表扬要及时。及时的表扬会强化受表扬学生的积极性和创造性，若学生做了认为应该表扬的事，而迟迟得不到老师的表扬，就会消极失望，心灰意冷。教师应抓住学生的心理特点，对班上出现的好思想、好行为或微小的进步都要及时表扬，因势利导。

第三，表扬要多样。表扬不应仅仅局限于口头表扬，教师可利用一切机会，采用多种形式进行表扬，比如奖励"五角星"、奖励"笑脸"、颁发"喜报"、在班级张贴"学生好行为"的照片等，这样做将会收到意想不到的效果。

第四，表扬要具体。空洞的言之无物的表扬，不仅会显得苍白无力，还会给人留下取悦学生、偏爱某些学生的错觉。因此，教师应对具体内容进行表扬，尤其要及时发现学生身上不易被人发现的某些长处，对之进行具体、细致的表扬，这样做效果会很好。

第五，表扬要用心。表扬学生态度要真诚，不能漫不经心、敷衍一番，要针对学生的心理、年龄、思想的差异，在不同场合采取形式多样、富有成效的表扬方式。

表扬能否取得最佳的教育效果，在很大程度上取决于表扬的方式和语言技巧。以下几种方法可供参考。

其一，鼓励法。鼓励是学生进步的动力。教师要善于发现学生的长处，善于寻找闪光点，哪怕是点滴的进步都要鼓励。鼓励优等生再接再厉，戒骄戒躁；鼓励后进生不灰心，不丧志，奋发向上；鼓励中等生向优秀学生看齐，争做一名全面发展的优秀学生。

其二，信任法。教师充分信任学生，将会激励学生不断进步。信任班干部能做好班级管理工作；信任优秀学生能为班级起带头示范作用；信任后进生也有长处，也能克服自身的缺点，取得进步。总之，要相信每一个学生都有闪光点。

其三，点评法。针对学生在某一方面的行为表现，用一两句话作出评价，表明赞赏之情。例如，有位学生发现教室一扇窗户受损，叫爸爸到校修理，教师可在班会上或者晨会上说："××同学，你真是个有心人，发现班级窗户坏了，主动为班级修理窗户，真是个关心班级的好孩子。"学生听了会感到十分温暖，为集体做好事的信念会更加坚定。

其四，巧用体态语。对学生一般的行为表现的肯定，不一定都要通过语言表达出来。有时教师向学生投以赞许的目光，点头微笑，竖一竖大拇指，拍一拍肩膀，做一个OK的动作等都会对学生产生很大的激励作用，也常常能收到无声胜有声的效果。

## （四）慎用批评艺术

批评是教师对学生的不恰当思想言行给予的否定评价以唤起他们的警

觉，从而促使他们努力去改正自己的错误。其根本目的是要引起学生思想的变化，使他们真正提高认识，提高觉悟，从而少犯错误。换句话说，批评是为了不批评。一般情况下，学生都喜欢受到表扬，因此教师要慎用批评。为了充分发挥批评的教育作用，在对学生批评教育之前，教师要充分了解事实，要耐心、诚恳地帮助学生真正认识到错误，从而使学生自觉地改正错误。作为教师，不但要巧用、慎用批评，同时还要教育学生正确对待批评，不要因受到一点批评就失去上进的信心。

批评也是教师在工作中常用的教育手段，如果使用得当，可以起到树立正气、打击歪风、鼓励先进、鞭策后进的作用；如果使用不当，就会容易使学生出现"破罐子破摔"的心理，甚至会发生一些意外。所以，教师要善于使用批评艺术。

第一，批评要有"导"。教师对学生的教育应多采用一些开导式、启发式的语言和语气，能让学生从情感上接受批评。最好少用一些否定的指令式的语言。例如，对经常打架的学生可以这样批评："你看刚才你的一拳头，打伤了同学的心。你这样做，其他同学还会愿意和你交朋友吗？你说你今后该怎么做呢？"尽量少用或不要用这样的批评："你的品德、你的行为真是太坏了，以后不许打人！"以上两种批评的效果截然不同。开导式、启发式的批评有利于培养学生分析问题、解决问题的能力。

第二，批评要有"理"。批评学生时要摆事实、讲道理，入情入理，以理服人，且语气要温和，态度要和蔼。这样才能消除学生的对抗心理，更容易接受批评。例如，学生上课经常随便讲话，影响课堂纪律。针对这种现象，教师可列举一系列由于他讲话而造成的不良后果，"由于你讲话，不但使自己学不到知识、本领，而且影响了其他同学的听课效率，也影响了老师的上课情绪，破坏了课堂气氛……"只有这样，才能让学生真正从心里认识到自己行为的危害，从而促使其改正错误。

第三，批评要"活"。对于不同的学生应该采用不同的方法，要因人而异。对不同的学生若采用千篇一律的批评方法，效果定会不佳。对善于思考、接受能力强的学生，可有针对性地提出问题，让他自己去思、去想、去悟，使其自觉改正；对内向、反应慢的学生，要特别耐心，并要非常注意措辞，避免伤及自尊心；对脾气暴躁的学生，宜采用商讨式的批评方法；对爱耍小聪明的学生多采用提醒、暗示的方法；对错误较严重，但仍不知悔改的学生，则需用严肃的态度批评，但切忌偏激。

第四，批评要牢记"八忌"。一忌恶语相加，二忌当头一棒，三忌揭旧"疮疤"，四忌不分是非，五忌动辄向家长告状，六忌体态、仪表不正，七忌感情用事，八忌体罚学生。

教师在运用批评时，还要注意以下几点。

其一，肯定式批评。一些教师习惯用反问的语气来批评学生，学生一时难以反驳，但在心里都不大乐意接受。例如，一些学生不主动打人，偶尔有一次还手把对方打伤了。针对这种现象，教师可以这样处理："我知道你肯定不是故意打人的，可如果你当时能克制一下自己的情绪，不和他交手，也就不会出现这样的结果了。"学生从老师的话中感到了老师对他的信任，于是积极地向老师承认错误。

其二，鼓励式批评。有些学生班级工作做得很好，但自己的书包却从不整理，教师可以从侧面鼓励："如果你整理书包像整理讲桌一样就更好了。"这种在批评中寓于鼓励的鞭策，在鼓励中包含信任和期望的批评，效果非常好。

其三，商讨式批评。在学生犯错误后，教师可以以诚恳的态度，帮助、引导孩子认识到自己的错误，认识到所犯错误带来的后果，心平气和地与学生商讨改正的办法。

其四，衬托式批评。学生犯错误大多不是有意识的，教师应从善意的角度出发，及时给予提醒，可以以表扬其他同学优点的方式来衬托出其思想行为的不足。例如，有些学生上课经常分心，老师可以说："××同学多么认真，上课一点儿也不分心。"爱分心的学生一听便明白自己没做到这一点，便马上改正了。这样的批评既维护了学生的自尊心，又能促使他积极地改正错误。

其五，谴责式批评。对于错误性质严重、影响面广或一犯再犯的学生，若用其他诸如内部批评的方法不能见效时，则要进行公开的、严厉的批评。批评态度要严肃，内容要集中准确，使其认识到错误的严重性、危害性，但要以挽救学生、相信学生能改正为前提，切不可以简单粗暴甚至挖苦、嘲讽的方式进行。

## （五）实际锻炼艺术

生活是指人为了生存和发展而进行的各种活动。人要想生存、活着，就必须与环境发生作用以满足自己的需要，所以生活是"利用环境使自我更新的历程"（杜威）。生活是人的生活，生活中不能没有道德，道德是构成生活的根本要素。同样道德也是生活中的道德，道德离不开生活。生活和道德的关系是非常密切的，是一体的，脱离了生活，道德也就成了僵死的条文和抽象的原则。生活是道德的沃土，没有生活，也就无所谓道德。因此，我们对学生的德育要回归生活，要重视生活的教育价值，特别要关注学生的现实生活。只有这样，才能被学生认可和接受，才能调动学生参与的积极性，才能起到教育学生、熏陶学生的作用。

实际锻炼就是让学生学习和掌握道德知识，参加实践活动，培育自己的道德行为，巩固自身形成的道德行为和道德习惯。实际锻炼的活动形式很多，主要有学习活动、生产劳动等。例如，"五小活动"，即在社会上做爱国诚信、遵纪守法的"小标兵"；在学校里做团结友爱、善于合作的"小伙伴"；在家庭中做孝顺父母、热爱劳动的"小帮手"；在公共场所做讲究卫生、保护环境的"小卫士"；在独处时做心胸开阔、勇于创新的"小主人"。例如，在班级中开展"我为妈妈捶捶背""我为爸爸擦擦鞋""我为父母盛饭"等活动，就贴近学生生活，能够加深学生在活动中的体验，教育效果不言而喻。教师还可以根据学生年龄和个性的特点，让学生走出课堂，走向社会，走向自然，让他们用眼睛观察生活，用心灵感受生活；还可以组织学生去参观、去访问、去调查，并让他们写调查报告、小论文等。

实际锻炼要从小抓起，从日常行为抓起。古语云："勿以恶小而为之，勿以善小而不为。"说的是小事对人的思想、行为的影响。学生的生活就是由一件件小事组成的，学生的思想、行为表现也时时受到这些小事的影响。因此，班主任对学生的思想品德教育也必须抓住小事来展开。系统学习理论显示，小而专注的行动如果用对了地方，往往能够产生重大、持久的影响，显示出"四两拨千斤"的杠杆作用。

抓"小"应体现在以下几个方面。一是对学生提出的目标要小。例如，对学生进行思想品德教育时，就不能要求学生像英雄、圣贤那样去做，但是可以要求学生见到周围的人时说声"你好"，为父母盛饭、递茶，或顺手捡起地上的废纸、空瓶，为贫穷者捐上一元零用钱，别人摔跤了能伸手去扶一把……这样的要求学生易于接受，也能轻松做到。二是班级中所开展的活动要小。教育无小事，事事皆教育。教育的内涵就在于让每个学生从每一件小事的体验中得到教育，可以围绕学生生活、学习的各方面，从点滴入手，使思想品德教育渗透到每一个方面。例如，针对乱扔果皮纸屑的现象，班级便可开展"伸出我的手，弯下我的腰"的活动，使学生在弯腰捡纸的同时受到不乱扔果皮纸屑的教育；为了培养学生尊敬长辈、孝敬父母的思想品质，可开展"我让父母每天笑一次"的活动；为了培养学生热爱自己的班集体的思想品质，可开展"我为班级出份力""我为班级添光彩""我为班级献一策"等系列活动。

### （六）品德评价艺术

品德评价，是对学生已形成的思想品德或其状况进行肯定或否定的评价。通过评价，帮助学生正确认识自身和他人的品德面貌，提高学生对品德规范的认识，促进学生的品德认识向品德行为转化，鼓励他们积极上进。对学生进行思想品德评价，不仅影响着学生以后的行为，也会影响学生以后的发展，当前，评价学生时，我们习惯以对或错来简单地评判学生的行为。其实，很多时候，学生需要的不仅仅是对或错的评判，更是教师对其感情的倾向。科学的、新颖的评价方式，可以拉近师生之间的感情，促使学生认可老师的要求，实现评价的可接受性，最终达到思想品德教育的目标。

在品德评价时应重视如下几个方面。

1.重视评价过程化

发挥评价的激励作用，关注学生成长与进步的状况，并通过分析指导，提出改进计划来促进学生的发展。利用评价帮助我们树立正确的教育理念，即评价是为学生的发展服务的，是为了促进被评价者的发展的。强调学生思想品德形成的过程，将终结性评价（面向过去的评价）与形成性评价（面向未来、重在发展的评价）相结合，并实现评价重心的转移。

2.重视评价多样化

一是评价主体多样化。评价是教师和学生共同合作进行的有意义的教育过程。学生既是评价的对象，也是评价的主体。在评价中，形成评价者与被评价者之间的互动，在民主平等的互动中关注被评价者发展的需要。这样既提高了被评价者的主体地位，将评价变成了主动参与、自我反思、自我教育、自我发展的过程，同时又在相互沟通协商中，增进了双方的了解和理解，有效地促进学生不断进步，获得发展。

二是评价角度多样化。分析学生的言行，搜集学生在思想品德等各个方面的表现，汇集来自教师、同学、家庭等各方面的信息，这些信息不仅包括学生的优点，也包括不足之处，这样才能对学生进行客观评价，才能促进学生不断发展。

三是评价尺度多样化。不用一个统一的尺度去评价所有的学生，要关注每一个学生在其原有水平上的发展。对一些思想品德有进步的学生，哪怕只是微乎其微的进步，哪怕与其他表现优秀的学生相距甚远，也应给予充分的肯定、积极的评价，激励其向更高的要求迈进。

3.重视质性评价

学生的思想品德不宜量化，而适宜质性评价。质性评价能比较全面、深入、真实地再现评价对象的特点和发展趋势，从而促进学生的发展。在对学生进行品德评价时，应该掌握的主要评价方法有以下几个。一是观察法。教师观察并记录学生在思想品德方面的各种表现，以此为参照对学生进行综合评价。二是访谈法。教师通过与学生开展各种形式的谈话，获得有关学生发展的信息，并了解学生思想观念的变化，如个别面谈、电话交流、书面交谈等。三是问卷法。教师设计问卷并组织学生填写问卷，获得有关学生发展的信息。四是成长记录袋评价法。用成长记录袋的方式收集学生成长过程中的各种资料。成长记录袋内容的收集服务于评价，服务于激励和促进学生发展。因此，只要内容能描述学生真实的思想及发展状况，与评价的目的相关，就可以收进成长记录袋。

在实践中，教师利用描述性语言对学生的思想品德进行质性评价，并制成评价表奖励给学生，能取得良好效果。例如，在校内校外，乱扔果皮纸屑的现象非常严重，但有的学生不但能做到自己不扔，还主动自觉地捡起别人扔的，真正做到了"你扔我捡"。这时教师可以采取如下评价方法：××同学，你真像一名清洁小卫士，能主动自觉地捡起别人乱扔的纸屑，是你给大家带来了整洁的环境。相信通过你的努力，我们周围的环境会变得越来越美。

## （七）从生活道德教育做起的艺术

教育本质上是唤醒人的生命意识、启迪人的精神世界、建构人的生活方式，以实现人的生命价值的活动。它直接指向人生，指向人的生命存在。因而，生活意义是教育内在的具有本源性的意义。生活虽不直接等同于教育，但生活具有教育意义。何谓教育意义？即生活过程本身对人具有的发展价值。生活弥补了制度化教育的不足，赋予制度化教育更广阔的空间。生活中的各种行为方式往往就是极具发展性的教育方式，如认知、理解、唤醒、陶冶、体验、感悟、交往等。

道德教育只有根植于生活世界并为生活世界服务，才具有深厚的生命力。道德作为调节改善人们之间关系的准则和提升生命质量的重要手段，广泛存在于生活中。缺乏道德的生活是不协调的、混乱不堪的。随着社会的发展变化，人们追求丰富多彩的生活的情趣日益浓厚，具有激发引导价值的道德教育从政治化、抽象化、空洞化的说教王国走出来，回归生活，关注指导和引导受教育者的现实生活，帮助受教育者通过自己的劳动创造新生活，并以文明健康的方式享受新生活，做到自发、自然地生活，安全文明地生活，快乐地生活，有尊严地生活，负责任地生活，有爱心地生活，有创意地生活。

道德在哪里？就在生活的点点滴滴之中，有道是"一粒沙里看世界，半瓣花上见人情"。人们生活的每一天，做的每一件事，都与道德相连。把道德教育深深根植于学生生活的土壤，让德育与受教育者的日常生活、学习生活、交往生活、集体生活等紧密联系起来，用学生自己的生活、自主的活动对学生进行积极的启迪引导，以提升学生的人生境界，让学生过一种道德的生活，自主建构道德经验，提升道德水平。

### 1.从身边的小事做起

教育是从细节开始的。正如魏书生所言："我们还要继续引导学生一分钟、一分钟地把平常日子里的、于己于人于国于民都有利的平凡小事，做得有滋有味、有声有色、坦坦然然、快快乐乐、如诗如画、如舞如歌。诚如是，孩子们便有了好习惯，有了自我教育能力，有了正确的价值观、人生观。长大后，便能元帅做得，士兵当得；高楼住得，茅屋居得；顺境处得，逆境受得；表扬禁得，批评听得。便能放得下，拿得起，出得来，进得去；能顶天，可立地。在祖国需要的任何一个工作岗位上，都能寻找到自己的发展空间。"

围绕学生"知识、能力、魄力"的培养目标，实施"有理想、有道德、有文化、有纪律"的育人工程，具体落实十个好习惯。

①今天的事情今天完成，轻松迎接每一天。

②出门照镜子，整理头发、服装、鞋子等，干干净净迎接每一天。

③主动招呼别人，微笑礼貌待人。

④用过的东西放回原处，心中有别人。

⑤不吃零食。

⑥每周至少了解几条国内外新闻，并主动与他人交流。

⑦每周向家长讲解一个学校里发生的趣事，和家长多交流。

⑧每周向家长汇报一次学习情况，征求父母的指导。

⑨每周至少参加一次社区活动，如打扫卫生、慰问孤老等。

⑩替父母做力所能及的事情。

通过这十个好习惯的养成锻炼，充分发挥学生的主体作用，让学生自主组织活动、管理评价，逐步使学生从"要我这样做"转变为"我应该这样做"，使良好的行为习惯内化为自觉的行动。

**2. 从对他人礼貌、尊重做起**

"少成若天性，习惯成自然。"当我们接触一个人之后，常常会给他一些评语："这个人素质高，有风度"，"这个人有教养，谈吐文雅"，"这个人太差劲，连句客气话都不会说"，"这个人俗不可耐，满嘴脏话"，"这个人太邋遢，衣服皱皱巴巴，脸也没洗干净"……一个素质高、有教养的人，必须有良好的文明礼仪。这样的人，被人尊重，受人欢迎。从心理学上讲，被众人接纳的程度高，有利于建立和谐的人际关系，有利于打开局面，发展事业。

一是教育者要尊重受教育者。每一个孩子都是一幅多彩的画卷，都是一个独特的个体。教师首先要全面地尊重学生。尊重学生的兴趣、爱好，尊重学生的情绪和情感，尊重学生的个性特点，尊重学生的抱负和志向，尊重学生的选择和判断，尊重学生的个人意愿。尊重部分学生并不难做到，比如，有些教师喜欢而且尊重那些聪明、听话、学习成绩好、与自己性格接近的学生。但是作为教师，应该做到对全体学生的尊重，尤其是要尊重以下六种学生：尊重智力发育迟缓的学生，尊重被孤立或被拒绝的学生，尊重有过错的学生，尊重有严重缺点或缺陷的学生，尊重和老师意见不一致的学生，尊重不尊敬老师的学生。只有这样，学生才能在被尊重中学会尊重。

二是受教育者要孝敬自己的长辈。在现实生活中，有相当数量的孩子，不懂得孝敬父母、孝敬长辈。在有些独生子女家庭里，谁孝敬谁甚至出现了颠倒的现象，难怪有人半认真半开玩笑地说："孝子，孝子，孝敬儿子。"孝心，作为传统美德，可以促使家庭和睦，温馨幸福。有人调查，三代同堂的家庭，如果中间一代孝敬长辈，孩子就会懂得孝敬父母、祖辈。家庭中长幼有序，互相关心、互相宽容，对每个人的身心发展都是有利的。在生活中，与自己经常相处的人莫过于自己的亲人，特别是爸爸妈妈、爷爷奶奶以及外祖父外祖母等。要尊重他们的劳动，尊重他们的人格，尊重他们对自己的指导，尊重他们的生活方式，等等。尊重父母要从身边的小事做起，如：记住父母、长辈的生日，真诚地祝贺赠礼；吃饭时请长辈先入座；照料生病的家人，尽量满足他们的合理要求；静心听取父母的教诲，不随便插话、抢话；当父母心情不好时，会安慰劝解；向父母提出的要求，必须在家庭情况允许范围之内，不能无理取闹；懂得努力学习，不断进步，全面发展，让父母感到骄傲、自豪。

# 第二节　学生法治教育文化建设

初中阶段是青少年成长的一个重要时期。随着年龄的增长、生理的发育和心理上的发展，青少年的独立意识、自我意识和成人感逐渐增强，这一阶段也是良好行为习惯、人生观、价值观和道德观形成巩固的重要时期。因此，在初中阶段开展序列性、有针对性和实效性的法治教育活动，使青少年学法、知法、守法、用法、护法，形成强烈的法治意识、法治观念和良好行为习惯，最大限度地预防和减少青少年犯罪，对青少年的健康成长，对社会的稳定和谐具有十分重要的意义。

对学生进行法治教育，学校要做好以下几项工作。

## 一、切实建立科学的法治教育课程体系

国家推行依法治国，并且已逐步建立了符合中国国情的法律体系。新课程理念告诉我们要加强学生公民意识教育，对学生实施全人教育。法治教育在学校教育中占有举足轻重的地位，千万不可忽视法治教育，与其他学科教育一样，法治教育具有自身的认知规律和知识体系，没有相应的课程很难有实效。要保证法治教育的课程、课时、教材、教师落实到位。

## 二、努力探索有效的法治教育形式

一是充分发挥法治副校长的职能作用，定期开展法治辅导讲座。

二是加强校园警务室的建设，定期开展法治宣传教育，主要是进行普法宣传。

三是与派出所联合制定法治教育方案，制订计划并严格执行。

四是开展学生警示教育活动，对个别学生违纪行为进行有针对性的教育，提高其法治意识。

五是协助学生会建立青少年法律协会，指导学生进行法律方面的讨论

学习，并有针对性地开展法律知识竞赛活动，寓教于乐。

六是组织学生观看法治警示教育影片，旁听各类案件的审理，提高学生对违法犯罪后果的认识。

七是在法院和检察院的协助下，开展青少年模拟法庭审判活动，通过法律实践来提高学生素质。

八是定期开展法律知识测试，检查学生法律知识掌握情况。

## 三、法治教育与道德教育相结合

中小学阶段的法治教育，主要是进行法治观念的启蒙教育，使学生初步了解一些与日常生活密切相关的通俗易懂的法律常识，逐步树立遵纪守法的观念。

中小学生年龄小，好奇心强，模仿能力强，但辨别是非的能力差，所以进行法治教育要以正面事例为主，展开生动、具体、形象的教育，避免概念化、条文化的法治教育。班主任要在本班认真贯彻中（小）学生日常行为规范，并围绕增强法治观念和公民意识进行道德教育。小学重在思想品德教育和行为习惯的训练；初中重在普及法律常识，认清德与法的关系，提高学生的道德水准和自觉遵纪守法的观念；高中重在理论与实际结合，进行德与法的辨析并初步学一点法学原理。实践证明，以道德教育为基础，逐步引导学生从道德认识上升到法治观念的做法是行之有效的。

## 四、寓法治教育于各项活动中

班主任要根据本班学生的年龄特点和接受能力，采取相应的形式，开展法治教育活动。

①寓法治教育于儿歌、故事之中。对于小学生，可根据他们的特点，采取他们乐于接受的儿歌表演、故事讲述的形式，使他们从中受到教育。

②组织观影和写影评活动。组织学生观看包括法治内容的影片和录像并进行座谈，开展写影评活动，可以促使他们自觉提高法治观念。

③"请进来，走出去"。可以请司法部门、交管部门和知法守法的模范人物作报告。报告要联系学生实际；也可以组织学生到社会上宣传法律常识，在宣传中提高自己的法治观念。

④充分利用班会、队会、团日来开展法治教育活动。

⑤培养法治宣传骨干，举办"模拟法庭"活动，开展"我当小法官"活动或法律知识竞赛……

在这些活动中，班主任要善于适时地进行有关案例分析，引导学生明辨是非，吸取教训，还应帮助学生学会用法律武器保护自己和他人的合法权益。在选择案例时，不可追求情节，尤其不能向他们讲述犯罪作案的具体细节，以及那些残忍、恐怖、荒诞、淫秽的东西。开展学生喜闻乐见的活动，把法治教育同学生实际的思想和行为有机地结合起来是行之有效的方法。

## 五、切实抓好法治理念教育

法治教育实践中，部分学校、教师产生了错误认识，即认为只要青少年懂得基本的法律规则或法律知识就可以。这种法治教育的定位实际上是一种典型的功利式法治教育，而不是现代意义上的法治教育。

自1985年以来，我国开展了多年的法制教育，其主要目标是让青少年知法、守法，从而维护社会秩序的稳定与和谐。法治中国建设背景下的青少年法治教育，不同于法制教育，其目的不仅是让受教育者知道法律知识、了解法律规则，更主要的是让其树立正确的法治理念，信仰宪法和法律，从而养成法治自觉。规则教育只是对青少年进行的普法教育，是一种浅层次的法律意识教育。法治教育应当更注重法治理念的教育，不仅要对青少年进行法律知识、法律规则教育，而且要通过法律规则教育或法律知识教育使青少年养成崇高的法治理念或法律信仰。法治教育是一种高层次的法律意识教育，通过法治教育使受教育者养成一种自觉的、理性的、系统的法律意识。青少年是祖国的未来，既是法治中国建设的参与者，也是法治中国建设的推动者。青少年只有具有崇高的法治理念才能推动法治国家、法治政府、法治社会三位一体的建设。

## 六、切实把握好规则教育的度

法治意识的根基在于行为主体是否具有规则意识，对青少年的法治教育必须依托规则教育。青少年法治教育要以规则教育为基础，并且要将规则教育贯穿于法治教育的全过程。青少年只有了解和掌握基本的法律规则，才能作出合适的行为选择与合法性判断。义务教育阶段的法治教育应当以基础性行为规则和法律意识为主，高中阶段与高等教育阶段要让青少年知道法律规则是如何产生的以及规则的逻辑构成。通过法治教育使青少年懂得与公民息息相关的基本规则，如交通规则、环境保护规则、食品安全规则、禁毒规则、消防安全规则等，也要让其明了守规则、用规则的法治运行机制。此外，不能只是对青少年进行管理性规则、义务性规则、责任性规则的教育，对青少年的规则教育应当以权利规则教育为主，使青少年明确知道法律规定其可以做什么、有权做什么的行为规则。也应看到，青少年规则教育固然重要，但不可将规则教育扩大化。一是规则教育不能覆盖法律规则的所有内容。青少年法治教育不同于法学专业教育，不应将所有的规则都纳入法治教育之中，只需将与青少年息息相关的行为规则作为法治教育的内容。二是青少年法治教育中的规则教育仅限于法律规则教育。行为规则包括法律规则、道德规则、自然规则、习惯规则等。青少年法治教育所承担的任务是法律规则教育，如果将其他行为规则都纳入法治教育之中，一方面会使法治教育的重点不明确，另一方面也会混淆法治教育与思想品德教育的界限。

## 七、着重培养青少年的法治实践能力

青少年法治教育的实效性最终要通过青少年是否具有法治实践能力来体现，只有青少年能够将法治知识运用于实践中，法治教育才能达到应有的效果。培养青少年法治实践能力既要通过教育过程中的案例教学方式实现，即通过模拟审判、真实案例演示、模拟民主选举、宪法宣誓等方式使受教育者得到真实的法律体验与教育；也要通过自身参与法治实践活动体现，即在工作与生活中遇到相关的法律问题能否采取法律途径解决，特别是在合法权益受到侵害时能否通过法律规定的方式去解决。青少年法治实践能力还应当体现在其是否能够根据法律规则去指引自己的行为、评价他人行为、预测行为人之间的行为后果等方面。在教育过程中，教育者始终要将规则教育与法治实践能力结合起来，使规则教育最终落实到实践能力教育上。中小学法治教育要充分利用《道德与法治》教材中"拓展空间""探究与分享""运用你的经验""阅读感悟"等栏目培养青少年学生的法治实践能力与判断能力。

## 八、守住青少年法治教育评价的关口

《青少年法治教育大纲》规定，要建立健全科学的青少年法治教育评价机制。评价要全面考察青少年法治教育效果。对青少年法治教育的效果进行检测，需要科学合理的评价标准、方式、内容、主体、周期。通过评价，既检测法治教育活动的实效性，也对受教育者进行法治素养的考查。青少年法治教育不仅要有针对性，还要具有实效性，对其实效性作出科学、客观、全面的评价，需要通过评价机制来实现。政府主管部门，包括宣传、司法、教育等部门，要主动作为，承担起青少年法治教育评价的领导责任：定期组织相关机构，特别是第三方评价机构，对青少年法治教育活动的实效性与青少年法治素养进行评价；构建科学合理的评价标准，并根据其标准确立评价的具体指标；根据青少年法治素养的内在要求，从法治知识、法治意识、法治实践能力三方面对青少年法治素养进行评价。青少年法治教育的评价不同于文化知识课程的评价，应当采取更为灵活的评价方式，如定性评价与定量评价相结合、专家评价与民众评价相结合、问卷调查评价等。

## 九、法治教育中应注意的问题

### 1.坚持正面教育的原则

中小学生思想单纯，必须以正面教育为主。要多选择一些正面教育材料，不要随意用法律威吓学生。选择案例时，要防止犯罪案例的消极影响。要注意发现遵纪守法的典型，引导学生向他们学习，要用崇高的思想品德陶冶学生的情操。要热情鼓励和表扬知错就改的典型，促进后进生的转化。对有轻微违法犯罪行为的学生要立足于"拉"，抓住苗头及时开展"生活上关心，思想上帮教"的活动。可通过介绍浪子回头及防微杜渐的事例，耐心启发诱导学生，或通过谈心、家访进行教育。坚持正面教育的同时也要注意发挥反面教材的警示作用，要把严肃处理同教育挽救有机地结合起来。

2.坚持理论联系实际的原则

思想政治教育最忌讳空洞说教，法治教育不能只让学生背诵法律条文，而应当联系实际，使他们懂得什么是违法行为，什么是守法行为。要让学生晓得坏思想、坏行为都是由小到大、由轻到重发展的，只有从小遵纪守法，长大才能守法、护法。但是，联系实际切不可给学生"扣帽子"、不能歧视他们，相反，应该亲近他们、关心他们、热情教育他们。

除了上述两点外，在法治教育中，学校必须做守法、护法的模范，充分发挥榜样的示范作用，也要千方百计地帮助学生克服周围不良因素和环境的影响，对学生开展持之以恒的法治教育。

# 第三节　学生礼仪文化建设

礼仪是一个人文化修养和道德修养的外在表现，是做人的基本要求。文明礼仪教育是关乎一生的教育，良好的礼仪习惯的养成，可以转化为一个人内在的性格、情操，将影响青少年一生的发展。加强礼仪教育，培养学生学会关心他人，学会与他人共处，养成良好的行为习惯，不仅能有效地加强学校管理工作，促进学校德育工作的开展，而且能继承和发扬中华民族的优良传统。

中华民族是礼仪之邦，重视礼的教育和建设是中国人的优良传统。一部中国的文明史实际上就是一部礼的教化史，没有礼教，何谈文明？"礼"是一种动态的、变化的、发展的道德规范，几千年的文明历史不断为礼融入新的内涵，需要我们有与时俱进、锲而不舍的毅力进行研究。

2010年12月30日，教育部下发了《中小学文明礼仪教育指导纲要》，提出中小学开展文明礼仪教育，要深入贯彻落实科学发展观，切实把社会主义核心价值体系融入学校教育全过程，弘扬中华民族优秀传统美德和社会主义道德，吸收借鉴世界有益文明成果，遵循中小学教育教学规律和学生身心发展规律，全面提高青少年学生的思想道德素质和文明礼仪素养，为他们文明生活、幸福成长奠定基础。纲要提出初中的分目标是，在培养学生养成文明习惯的基础上，让学生理解学习文明礼仪的意义。培养说文明话、办文明事、做文明人的意识。培养热心参与、友好交往的能力。能够自觉规范自己的行为举止，提升个人素养。对初中学生文明礼仪教育的主要内容如下：①个人礼仪方面。了解礼仪的基本含义，理解学习礼仪的意义。掌握与人交谈时的礼仪要求。做到着装大方，得体。了解涉外基本礼仪。掌握在公开场合发言的礼仪。②交往礼仪方面。理解父母，懂得感恩。掌握使用电话、电子邮件、手机短信、书信的礼仪。做到集体活动时能遵守相关的规则和要求。掌握拜访接待的基本礼仪，能热情、大方地与他人交往。掌握与异性同学交往的礼仪。能宽容、礼让他人。在公共场所文明交流，不干扰他人。

## 一、开设文明礼仪教育课

文明礼仪教育课不是一次两次的讨论，应成为学生课程表中的常态课，七年级可每周一节，八、九年级隔周一节。课程内容应根据《中小学文明礼仪教育指导纲要》《中学生守则》和《中学生日常行为规范》来制定。授课形式不能仅仅是说教，如果这样，教育效果差。个人形体着装方面，利用班级学生正反两例对照，引导学生讨论分析，让学生成为活教材，这样的教育才深刻有效。待人接物方面，教师在上课开始，可以先出一道题，然后让学生讨论一段时间，再让两个学生在讲台前对话、表演，让学生回答，哪些做法是好的，哪些做法是不好的，甚至是错的。学校方面，选用不良现象，引导学生批评指责，起到伸张正义、抑制邪气的作用。家庭和社会方面，可引用新闻报道，先展示不良方面让学生讨论，再展示正确的利益交往，起到教育的作用。

## 二、树立身边的典型榜样

法国作家卢梭说："榜样！榜样！没有榜样，你永远不能成功地教给别人以任何东西。"英国著名教育家、文学家弗兰西斯·培根认为："榜样的力量是无穷的，它小心翼翼地把珍贵的礼物送给一代又一代的孩子，造就他们完美的人格。""身教重于言教"也是孔子的重要教育理念之一。在礼仪教育方面，树立身边的典型榜样，作用巨大，如开展优秀升旗手、尊师标兵、礼仪之星、文明班级、礼仪示范班等评选活动。评选只是形式，表彰和宣传才是实质，才能深入学生之心。评选活动不能只集中在开学或学期末，应该贯穿于整个学期，如优秀升旗手可每月评选一次，文明班级在春秋季运动会中各评选一次，政教处在每月设置文明班级流动红旗。对于学生在校外的拾金不昧、助人为乐的行为，学校知道后，可利用晨会、班会予以表彰宣传。

## 三、建立激励机制

建立多渠道的激励机制，能为初中学生文明礼仪教育的顺利进行指明方向。了解孩子是进行文明礼仪教育的基础和前提。心理学研究表明，人在内心深处，都有一种渴望别人尊重的愿望。赏识从本质上说就是一种激励。激励对推进文明礼仪教育至关重要，是实施文明礼仪教育的又一重要途径。在文明礼仪教育方面，学校可以在现有的教育框架中建立更多的激励机制，可采用学分制，规定学生到初三毕业最低要达到的学分，进行量化操作，然后在毕业鉴定中进行定性描述。

## 四、注重"七个结合"的策略

一是坚持文明礼仪教育与学校德育工作相结合。学校德育工作是社会主义道德教育体系的重要内容及组成部分。因此,落实文明礼仪教育,首要一条就是更新观念,达成共识,将文明礼仪教育与学校德育工作相结合。围绕"先成人,后成才"的办学理念,体现全方位的文明礼仪教育育人模式,努力让每个学生都能成为合格的、高素质的人才。其次要更新德育观念,不断丰富学校文明礼仪教育内容。在教育思想上树立全员教育观,成立德育领导机构,建立校长室—党支部—教导处—年级备课组—任课老师校园德育网络体系,使文明礼仪教育做到循序渐进,逐级推开,避免工作走过场和落实不到位。在教育内容上,紧扣时代脉搏,将文明礼仪教育与国情教育相结合。

二是坚持文明礼仪教育与学生日常学习生活相结合。学校要认真抓好学生及教师文明礼仪活动,注重在学习、实践中提高文明意识,形成文明行为,做到人人学礼仪、懂礼仪、崇礼仪、用礼仪、传礼仪,营造讲礼仪的文明氛围;组织师生认真学习深入把握文明礼仪教育的精神实质,并将其渗透到日常生活的一举手、一投足中;注重对学生日常交往衣着、言行的督查、指导和教育,将文明礼仪教育活动落实到课堂学习活动与学生的日常生活中。结合学校实际开展值周班活动,引导学生从身边小事做起,注重文明礼仪,养成良好的行为习惯。

三是坚持文明礼仪教育与学科教学相结合。教学是学校工作的中心环节,学校实施文明礼仪教育的重要途径之一就是课堂教学的学科渗透,即通过各学科教学,把文明礼仪教育内容渗透给学生。围绕文明礼仪教育教学实际,各学科结合教学内容对学生进行文明礼仪教育,充分发挥课堂教学主渠道、主阵地作用,初中"思想品德"等课程中涉及文明礼仪的内容要重点讲述。语文、历史、艺术、体育等其他课程要根据本学科特点，适时进行文明礼仪教育。组织观看有关礼仪教育的视频，进行礼仪培训。

四是坚持文明礼仪教育与家庭教育、社会教育相结合。文明礼仪教育要遵循礼仪教育与家庭教育、社会教育相结合的原则，使家庭教育与学校教育取得一致，形成合力，做到教育原则一致，内容互补。组织广大教职员工认真学习各种礼仪规范，普及生活礼仪、社会礼仪、教学礼仪、学习礼仪等基础知识，使他们了解掌握日常礼仪常识，以"学为人师、行为世范"为准则，时时、事事、处处做学生的榜样。通过告家长书、开家长会等形式，加强与学生家长的沟通与联系，让他们认识到学校开展学生文明礼仪教育的重要性，争取得到他们的支持和配合。学校团委要主动联系相关部门、社区、家长，协同配合，确保文明礼仪教育的一致性，形成文明礼仪教育的合力，加强对家长礼仪意识的教育，充分发挥家长"身教胜于言教"的作用。要努力取得全社会的理解、认可和支持，让文明礼仪教育活动真正走进社区、家庭。要充分利用公益活动、寒暑假等时机，引导学生走出家庭，走进乡村，宣传礼仪知识，实践礼仪行为，做文明礼仪的宣传者、实践者与示范者。

五是坚持目标推动与学生自我教育相结合。将文明礼仪教育纳入校园文化建设的总体规划，认真学习和借鉴先进学校文明礼仪教育的成功经验，结合本校实际，明确关于学生、教职工、家长的文明礼仪教育目标。通过文明礼仪教育，引导广大教师、学生乃至家长，规范与人交往、合作、交流、共处等外在行为，进而内化为优秀品质。学校结合实际和不同年龄段学生的心理特点，制定相关的文明礼仪教育分层目标，并将其贯彻到教育教学实践中。以塑造学生健全的人格为目标，遵循"小一点""近一点""实一点"的原则，开展读、讲、赛、评等一系列活动。读，即读书活动，组织学生阅读有关礼仪常识及古今中外的名人讲文明懂礼貌的故事书；讲，即讲学习文明礼仪后的心得体会；赛，即组织学校性的文明礼仪知识竞赛；评，即对学生的仪容仪表、卫生习惯、遵纪守法等行为规范进行长期评比，制定学生个人文明量化评定制度。

六是坚持文明礼仪教育与实践活动相结合。不断开辟和拓展文明礼仪教育活动空间，开展形式多样的以文明礼仪为主题的教育活动。学校应以各种主题教育实践活动为载体，进行文明礼仪教育；利用学科教学，组织学生开展朗诵、演讲、绘画、写作、慰问、参观、访问等文明礼仪体验教育活动。可组织开展"六个一活动"，即看一部文明礼仪专题教育片、写一篇文明礼仪教育体会文章、出一期文明礼仪教育专题手抄报、讲一个感人的文明礼仪故事、做一件讲文明礼貌的事、教师撰写一篇礼仪教育论文。

七是坚持制度督导与完善评价相结合。整体规划学校文明礼仪教育，将其纳入年度工作计划，形成学校文明礼仪教育的长效机制，开展文明礼仪教育示范学校创建活动，把学校开展文明礼仪教育的情况作为（处室、班主任、任课教师）工作考核的内容，并对开展文明礼仪教育作出突出贡献的个人和集体进行表彰。把文明礼仪纳入学生综合素质评价指标体系。

通过礼仪教育，形成良好班风，促进教育教学质量全面提高。我们将不懈努力，尝试更多更好的教育策略，促进文明礼仪教育再上一个新台阶，做到教书育人，教学生做有德之人、有为之人。


# 第四节　书香浸润教育


## 一、书香浸润教育的意义


朱永新教授曾说："一个人的精神发育史，就是他的阅读史"，"让读书成为一种习惯，让读书成为一种时尚，让读书成为我们生活的必需！"这是多年来我们致力于建设书香校园的行动口号。

在一定意义上说，读书就意味着教育，甚至意味着学校。苏霍姆林斯基曾经说过无限相信书籍的力量，是他的教育信仰的真谛之一。学校，首先意味着书籍。他说：学校里可能什么都足够多，但如果没有为人的全面发展及其丰富的精神生活所需要的书，或如果不热爱书和冷淡地对待书，这还不算是学校；相反，学校里可能许多东西都缺乏，许多方面都可能是不足的、简陋的，但如果有永远为我们打开世界之窗的书，这就是学校了。苏霍姆林斯基还具体阐述了阅读不同书籍对学生的影响，其实也从另一方面阐释了"读书改变人生"的哲理：阅读描写杰出人物的书，往往决定一个人的前途；文学作品是影响人的心灵的有力手段；阅读自然书籍是发展思维和认识能力的需要，是适应科学技术高速发展的需要……不论哪类书籍的阅读，都是课堂教学的智力背景，都是了解和影响学生个性的门径。因此，苏霍姆林斯基号召教育工作者：应该让学生走进图书馆，让书籍成为青年一代的挚友！

教育家康内尔告诫世人：现代社会非学不可，非善学不可，非终身学习不可。营造书香校园就是创设浓郁的阅读氛围、整合丰富的阅读资源、开展多彩的读书活动，使学校成为传承优秀文化的阵地、师生共同成长的乐园。营造书香校园的目标是丰富校园的文化内涵，丰富师生的文化底蕴，构建社区的学习体系。

## 二、营造让人渴望读书的氛围

马克思和恩格斯曾说过，"人创造环境，同样环境也创造人"。随着教育教学改革的不断深入，"教书育人、管理育人、服务育人、环境育人"的理念逐步深化。创造良好的读书环境，对唤醒学生的阅读激情有着重要意义。那么如何创设优良的阅读环境呢？可以从六个方面考虑。

一是开放性。学校的图书室、阅览室不仅要开放，还要努力把书放到学校的走廊、餐厅、教室、宿舍、体育馆……给学生一种视觉上的冲击，让他们置身于书的海洋中。

二是人文性。读书区域的安排，一定要有人情味，要关爱学生，为学生的阅读着想。读书不需要正襟危坐，可以站、可以坐、可以蹲，甚至可以躺……让学生感到，到阅读区域来是一种享受，是一种快乐，从而愿意到这里来。

三是主题性。在空间比较大的区域，可以设立专题阅读区，可以是童话世界、英语角、唐诗走廊……比如，设立科技走廊，介绍三大科技——基因工程、信息工程、纳米科技，给学生以新信息和课本上没有讲到的知识，激发学生探索奥秘的热情。

四是流动性。图书的放置要符合学生的审美心理，主题不是很明确的区域，图书过一段时间要更换一次，防止学生视而不见，也给学生一种新鲜感。班级间的图书也可以进行有序的交换，使学生经常看到新书。

五是互动性。素质教育的基本特征之一是尊重学生的主体地位、培养学生的主体意识，发挥学生的主体作用。学生主体作用的发挥不仅体现在课堂教学中，而且在书香校园建设上也让学生主动参与，如让学生参与设计、参与管理、参与活动，使优化读书环境的过程成为教育过程。发动学生出主意，亲自动手，让学生在各项活动中得到良好体验，在享受中接受环境的各种教育功能的影响，为学生创造一个利于创新和主动发展的空间。主题阅读区域，还可以和专题的探究展示结合起来设计。

六是趣味性。读书环境的创设要符合学生的心理特点和认知规律。小学生的活动区域色彩要鲜艳，图书种类要丰富，富有童趣；中学生的活动区域要有一些趣味性的读物。

## 三、整合让人惊奇的阅读资源

书香校园的建设需要丰富的阅读资源，应该加大政府和学校购买图书的投入，建议设立专项经费制度。可以接受民间团体、个人的捐助，倡导家庭和社区共建学校图书馆、家庭图书馆，也可以动员学生、老师在学校以个人名义建立自己的图书角、图书架，还要重视数字图书馆的建设，研究利用网络开展阅读。

## 四、推荐富有层次的阅读书目

在人类社会发展的历史上，涌现出许多影响着人类历史进程的文化典籍。人类的文明史以文字为脉络，一代又一代地传承下来。从中华文明的经史子集，到开启西方文化智河的圣经史诗，古今中外的图书浩如烟海。知识无涯而人生有涯，与其浪费时间去读那些对学生、老师益处不大的作品，倒不如去阅读那些经受住时间考验的、世界上许多读者都曾经从中得到启迪的书，把有限的阅读时间集中到最有价值的阅读中去，取得最经济、最有效的阅读效果。别林斯基说："阅读一本不适合自己阅读的书，比不阅读还要坏。"我们必须学会这样一种本领，选择最有价值、最适合自己需要的读物。推荐的原则如下。

1.基础性与发展性的统一

在自主阅读的基础上，我们以推荐书目为导向，把人类历史上最有价值、最能感动人的著作推荐给学生和老师；在阅读书目的推荐上，强调基础性与发展性的统一。让学生阅读最有利于自己精神发展的书，如古诗文、英文名篇、经典文学名著等，也让学生阅读最适合个性发展的著作。

教师阅读，则以原理掌握、方法习得为基础，以专业拓展、学科纵深为发展。基础性与发展性的统一，强调通过阅读激发教师和学生持久的兴趣，引发思考，从而形成终身阅读的良好习惯。

2.科学性与人文性的统一

科学体现工具理性，人文体现价值理性；科学求真，人文向善；科学训练思辨，人文涵育情感；科学辨析因果，人文评价得失；科学强调是非对错，人文注重好坏善恶；科学着眼于人类生活的外部环境，而人文则更关心人的精神世界。我们倡导的阅读，应当力争做到真（科学性）、善（人文性）、美（艺术性、可读性）的统一；应当弘扬科学精神和人文精神，在重视科学性的基础上，更要彰显人文性。人文精神也包含着科学精神，它其实是一种对于人类生命的终极意义、终极关怀和终极价值的求索精神。

3.经典性与时代性的统一

经典性读物有三个特点：一是经过了较长时间的检验，二是属于全世界，三是为多数人拥有。从这三点来看，应当引导学生、教师更多地从经典读物中汲取营养，在汲取营养的时候，要用时代的眼光去衡量，去"拿来"。此外，现代的优秀读物，往往有利于读者与作者的直接对话，有利于阅读与生活的全息互通。因此，要把真正优秀的时代读物推荐给师生，用他们的眼光去诵读经典。

4.民族性与世界性的统一

书籍是属于全人类的，阅读是具有世界性的。21世纪的人是地球人，网络使整个世界成为"地球村"。因此，引导师生开阔眼界，在全世界范围内汲取营养，应当是活动的一个方向。在进行世界性阅读的时候，要增进国际理解、尊重各国文化。同时，中华优秀典籍弥足珍贵，唐诗、宋词、元曲、明清小说应当成为主流文本。

## 五、开展丰富多彩的读书活动

要使校园保持读书热，就必须开展各种读书活动，以活动引领阅读，以活动激发阅读，以活动促进阅读。

①设立"阅读节""读书节""读书日""读书周""读书月"。

②举办读书报告会，邀请知名作者、学者到学校为学生、老师作报告，使师生能够与大家对话。

③举行各类竞赛，激发师生的读书热情。比如，通过举行演讲比赛、辩论比赛、征文竞赛、知识竞赛等，以竞赛促进读书活动有效地、深入地开展。

④成立读书组织、学术沙龙，为师生的深入学习、为各校的广泛交流搭建平台。

⑤举行古诗文诵读竞赛。

⑥举办阅读大赛。

⑦举行各类"阅读之星"评比活动。

⑧做好示范。有人说，要让学生爱上阅读，最终归结到一点：唯一而且最重要的是父母和教师为学生大声地朗读起来。我们利用晨诵、午读等多种形式，由班主任和班干部轮流在全班读书，开始是童话、名人故事，后来逐渐扩展到诗歌、散文、小说等，极大地鼓舞了大家读书的热情。

⑨师生共读。为了增强班级凝聚力，让全班共读一本书。这样，全班学生就有了共同的话题。我们可以围绕同一本书设计大家感兴趣的问题，组织大家都喜欢的活动。

比如，我们开展的"读书接力赛"活动，每位同学从班级图书角里选择一本自己喜欢的图书，读完后写上感想，夹在书中，把书传给下一位同学，第二位同学读完之后，再根据自己的体会写出读后感夹在书中，以此类推。"这是本很值得一读的好书，小主人公和坎坷命运斗争的勇气让我们领悟到成长的魅力。不妨也写下你的感想，与大家分享。希望给你带来乐趣，也希望你把乐趣带给下一个人。"这个活动，带给老师和学生的不仅是惊喜，更多的是感动。

⑩成立写作小组。在学生的兴趣逐渐形成后，及时成立兴趣小组，得到了绝大多数学生的热烈响应。经过即兴演讲和自由写作两次比赛后，由10名学生组成的"世纪之星文学社"正式成立。他们不仅一起读书，还开展了诗歌朗诵、名著赏析等精彩的活动，演讲、写作等能力都得到了巨大提高。

⑪创建书香家庭。为了进一步培养良好的读书习惯，我们开展"书香家庭建设"活动。通过家长会、电话、书信等多种途径，向家长宣传读书的重要意义，号召家长们一块儿参与班级读书活动。倡议得到大部分家长的积极拥护，一个令人欣喜的家校共读的氛围初步形成。我们还通过一些新颖别致的读书笔记展、名著情景剧、家长读书报告会等活动，进一步激发大家的读书热情。

# 第五节　课堂文化建设

郭沫若先生曾说过："教学的目的是培养学生自己学习，自己研究，用自己的头脑来想，用自己的眼睛来看，用自己的手来做这种精神。"其实这就是课堂教学的真谛：知识的体系由学生自己建构。学生是学习的主体，是学习的主人。小组合作学习的最大优势，就在于有充裕的时间让学生自己发现问题，让学生拥有自己独立思考、主动学习的空间。这种优势能较为充分地实现学习方式的转变：以学生发展为本替代课本知识学习为本；以注重学习的过程替代注重学习的结果；以师生合作教学替代以教师为主的教学；以信息单向传递转向信息双向或多向交流。学生真正成为学习的主体，成为课堂的主人。

## 一、小组合作学习的艺术

合作学习于20世纪70年代初兴起于美国，并在20世纪70年代中期至80年代中期取得了实质性进展，是一种富有创意和实效的学习方式。由于它在改善课堂氛围、提高学生的学业成绩、促使学生形成良好的品质等方面效果显著，很快便引起了世界各国教育界的关注并成为当代主流教学策略。以自主—合作探究为特征的小组合作学习，把学习的权利和学习的过程还给了学生，学生的主体地位得到落实，主体体验不断丰富，学习的兴趣和信心得到有效激发，主动发展的意识和能力逐步养成。合作探究中多维互动形成的广泛的信息交流和思维碰撞，为促进和优化学生知识体系建构提供了有利条件。

要开展有实效的小组合作学习，首先要明确何为小组。简单来说，小组即小型组织的简称。小组首先是一个小型组织，将学生从较大的班级组织里重新组合，形成一个个更加紧密、有利于相互交流的小型组织。既然是组织，就要具备组织所具备的一切要素。组织是小组的特点，也就是说，高效的小组必须具备组织所具备的一切特点：共同的组织目标、明确的组织分工、科学的合作流程、有效的组织评价、良好的组织文化、健全的机制建设。要做好小组合作学习，首先需要做好小组合作。明确小组作为组织的特质是进行一切小组合作的重点，教师如果不把握小组作为小型组织的特质，在实践中就难以设计学生的小组合作学习方案，就会出现无法操控小组的局面。

小组合作学习就是一门非常高效的培养学生自主、合作、探究能力的课程。小组建设的过程就是组织文化打造和呈现的过程。就小组性质而言，高效的学习小组是一个经验共同体、责任共同体和沟通共同体。

## 二、小组合作学习的实施

### （一）小组组建前的准备

1.教师准备

一是教师深入了解学生，认真制作班级学生全景分析表，全面了解学生的家庭环境、学习背景，以便因材施教，加强教育的针对性和实效性。然后，根据学生的性别、性格、成绩、特长、身高、语言表达能力等因素进行分组，初步拟定分组名单。

二是教师制作学习小组电子样表，包括组名、组长、组歌、口号、愿景、学科等项目，供学生参考，并帮助任课教师熟知创建流程，积极参与创建活动。

三是教师对学生进行合作学习方面的教育，鼓励学生转变观念，积极面对今后的学习生活。

四是教师准备大白纸若干张、异色记号笔若干支及多媒体设施。

2.学生准备

班级桌凳以合作学习小组形式呈"二"字形摆放，与黑板垂直。班主任助理（即班长）召开骨干学生会议，鼓励大家积极参与课堂小组创建，勇于登台展示，发挥示范引领作用。

## （二）小组的组建

### 1.小组组建的原则

小组建设的中心任务是培养团队意识，打造情义文化。要坚持正面教育引导，并通过优化的课堂组织机制和小组评价机制，借助于课（校）外活动不断加以强化。

（1）组内异质、组间同质原则

将不同特质和不同层次的学生进行优化组合，使每个小组都有高、中、低三个层次的学生，这就是组内异质；每个小组都按不同层次进行分组，也就是每个组的水平相当，这就是组间同质。这样便于组与组之间的公平竞争。

（2）团结协作原则

在保证基本均衡的前提下，教师在分组时要充分考虑学生的意愿，同时注意不把彼此暂时排斥的学生分在同一小组，以免激发其逆反心理，影响小组学习及其他活动的开展。每组最好都安排至少一名较为活跃，善于关心、鼓励他人的学生，这样有利于调动小组的学习气氛，使每个小组都具有向心力，团结协作，积极向上，增强合作意识。

（3）高效合作原则

为了能在课堂上高效有序地进行探究，小组内每个人都应有明确的分工，应设正、副组长各一名。正组长负责记录组员上课听课、回答问题等情况，副组长负责组织组员有序讨论、提问等。这样做可以使小组的合作学习更有效。

（4）合作评价原则

为了调动每个组员为小组争光的积极性，必须制定一套合理的评价体系，既要有组员之间的评价，也要有组与组之间的评价，还要有组员和小组的捆绑评价。

（5）分层管理原则

为了便于管理，可以把几个小组组合成一个大组，设立大组长，负责记录每个小组的表现，并根据评价标准给各小组合理打分。这样既可以制约每个小组，又可以做到统一标准，公正评价每个小组。

（6）激励性原则

公正地分享收获，只要努力付出就能获得相应表彰奖励。

2.小组组建的方法

小组划分本着小组同质、组内异质的原则，将学生均等地分为若干个学习小组（较为理想的划分是每小组不超过6人，每班不多于6个小组）；小组成员可根据需要进行多元化的角色、职责分工；小组内学生座次以优差生相间分布为宜。

可以把每组学生的人数设置为6人，根据学习能力由高到低排列组员号码为1号、2号、3号、4号、5号、6号。合作一段时间后，组员的各种问题就会暴露出来，教师随时关注小组合作学习的情况，根据小组暴露的问题进行小组重组，以激发学生合作学习的兴趣和新鲜感。

下面以6人一组为例来介绍。

正、副组长各带2名学生，在小组合作探究问题时，较难的内容由2名组长（即1号和2号）先发言，然后组员（3~6号）提问，较容易的内容由5号和6号讲给1号听，3号和4号讲给2号听，然后由1号和2号来提问。这样能节省很多时间。在辅导组员作业和练习时，正、副组长各看2本作业、辅导2名学生，针对性较强。同时，为了提高组与组之间的竞争，把全班分成12个小组，12个小组又分成4个大组，每个大组长分管3个小组，随时记录组员的表现，在周五的班会上和组员一起总结得失。

小组内人人都是学科长。

初中阶段主要包括语文、数学、英语、政治、历史、地理、生物、物理、化学等9个文化学科，体育与健康、音乐、美术、计算机等4个公共学科，每个年级基本设置11或12个学科。能力特别强的组员，可以担任2

个文化学科的学科长，其他成员担任1个文化学科的学科长和1个公共学科的学科长。人人都是学科长，科科都有"领头雁"，促使各个成员健康、自信发展。

小组成员座位安排科学有效。

2名高分生面对面坐在中间，2个中等生、2名低分生分别面对面坐在高分生的两侧。上课需要讨论时，以高、中、低三人组成一个小组进行讨论，低分生提出问题，中等生给予讲解，高分生补充、纠正。这样小组成员人人都参与、人人有事做、人人都进步。经过一段时间的实践，低分生的思考能力不断提升，分析问题、解决问题的能力不断提高；中等生的讲解能力不断提高，成就感不断增强；高分生的理解能力、倾听能力等也得到不断提高。最终实现小组共赢。

3.小组组建的程序

（1）创设情境，呈现目标

班主任播放各种团队合作学习的图片、视频，激发学生团队合作的意识和激情，公布分组名单。学生坐定后再依据视力、身高等原因加以微调。教师发给每个组大白纸一张、异色记号笔若干支。

（2）小组讨论，创建机制

各小组民主选出组长，然后在组长带领下，商定组名、口号、愿景、各学科组长、成员分工、组歌，并将其书写在大白纸上，各任课教师承包到组，逐项指导，确保分组工作紧张有序进行。

（3）多元展示，激励评价

各组进行精彩展示，学校进行摄影和录像，作为资料保存。班主任采用智慧、导学策略，激发小组的参与热情，唤醒团队学习意识，努力实现个体学习愿景化、同伴学习合作化、小组学习承包化，挖掘创建的特色和亮点，及时予以肯定。

（4）总结体会，升华意义

小组展示完毕后，各成员和教师积极主动分享活动体验，谈收获、谈失误、谈建议。

## （三）小组的培训

### 1.组长的培训

在合作学习中，组长既是小组活动的领导者，又是小组活动的组织者，还是教师的小助手。组长的一言一行直接影响着组内其他成员的学习态度和积极性。因此，分组之后，需要对组长进行专门的培训。

（1）组长应具备的素质

①组织协调能力。

a.要有责任感。

b.要学会倾听，懂得尊重别人，对别人的发言或表示赞同或提出不同的见解。

c.能清楚地表达自己的观点。

d.管理有方，与基础较差的同学结成对子，耐心地帮助其进步。

e.要有高度的小组意识，要学会当好"小老师"。

f.要有竞争意识、不服输的精神，能带领组员不断追求进步，努力把自己的小组建成最优秀的小组。

②上传下达。

a.熟悉小组合作学习的流程，针对不同的问题有不同的合作交流程序。精确地把握学习时间，确保小组成员在适当的时间干恰当的事，讨论与课堂教学有关的内容。

b.及时组织本组成员展开讨论和结束讨论，必要时要阻止小组成员的小动作和与学习内容无关的讨论。

c.及时与老师联系，及时向老师反馈小组成员对知识的掌握情况，小组解决不了的事情请老师帮助解决。

③合理安排调度。

a.做好合理分工。

b.在课堂上要清楚地知道小组成员对知识的掌握程度，在板演、回答问题、交流发言等方面做好调控，要有针对性，不要只让学优生参与。

④团结组员，互帮互助。

a.严于律己，以身作则，带头谦让，礼让他人。

b.带动其他组员建立互相信任、团结互助的关系。

c.带头帮助学困生，在组内形成互帮互助的氛围。

d.布置任务时，不要以命令的口气，要平易近人。

（2）组长应掌握的语言

组长在整个小组学习活动中，怎样说、说什么，往往影响着小组成员的学习效果。因此，规范组长的语言，是小组高效合作的重点。通过培训，使组长明白针对不同的问题该用什么样的语言来组织组员学习。

2.组员的培训

在小组合作学习中，如何让每个小组成员都积极地参与到小组合作学习中来，也是不容忽视的。因此，在完成组长的培训后，也要对组员进行相关培训。

（1）小组合作学习中的常用语言

组长：××同学，说说你是怎么想的？

组员1：我的想法（或观点）是……

组员2：我来补充……

组员3：我不同意他的说法，我是这样想的……

组员4：他的想法对我有很大启发。

组员5：我有同感。

组长小结：大家的想法是……

（2）小组展示时的规范语言

a.下面由我们组来汇报……

b.我们讨论的问题是……

c.我们小组的想法是……

d.我们交流的结果是……

e.大家听明白了吗？谁还有疑问？

f.谁来帮帮我？……谢谢你的帮助。

（3）集体交流时的评价语言

a.他讲得很清楚，我听明白了。

b.他回答了我的问题，我很感激他。

c.他听课很认真，提出了很多有价值的问题，我要向他学习。

d.××小组的表现很好，因为他们小组的一位同学在讲解中遇到了困难，其他人都主动帮助他。

在小组合作中，规范语言的运用能使组员之间交流顺畅，也能够节约时间，提高合作学习的效率。

## （四）小组的组织技巧

### 1.“一对一”伙伴的协作技巧

在“一对一”协作伙伴课堂学习中，教师应有意教给学生协作的方法，可以这样引导：“请A同学把该问的问题讲给B同学听，B同学做好展示准备。”这里有三点教师需要注意：一是明确谁是教者、谁是学者，这样互教互学才能真正落实；二是在伙伴协作解决问题之后，要有成果展示，无展示的协作不会高效，协作活动就会流于形式；三是在“一对一”互教互学期间，教师要深入学生中间，观察学生活动情况，给予学生学习方法的指导，并对学生的协作活动和成果展示给予点评。只有这样才能促进协作活动质量的提升。“问题—协作—展示—评价”是一个完整的“一对一”互教互学学习链，这个学习链上的任何一环缺失，都会使伙伴协作学习方式“变形”和“贬值”

2.小组内交流技巧

通常情况下，教师都是在展示问题后笼统地布置任务："请同学们讨论讨论，看看如何解决这个问题。"这样的任务会使小组合作杂乱无章。以下是正确的方法：其一，教师明确发言人，如本问题由1号和3号陈述自己的思路及答案，2号和4号同学质疑提问，3号代表小组发言。这样，分工明确，便于学生有针对性地进行学习。其二，轮流发言，如对于该问题，从4号开始轮流发言，2号准备代表小组发言，1号做记录。

3.成果交流技巧

在全班研讨结束后的成果交流环节，教师一定要根据学生所提问题的难易程度组织不同层次的学生回答，不能直接采用传统的举手方法。比如，较难的问题让1号、2号回答，较容易的问题让5号、6号回答，以激发学生学习的积极性，使学生都尝到成功的喜悦。

4.展示时，台下小组的组织技巧

其一，小组上台板书展示时，台下小组要进行组内展示，即由教师或组长安排人在组内陈述自己的做题方法、思路或心得，等台上学生板书完毕后，由教师组织大家对比自己组与台上组解法的不同。其二，台上学生口头展示时，台下学生的任务一是倾听，二是准备点评。教师要通过这些方式培养学生的倾听能力和思维能力。

5.课堂辩论的组织方法及技巧

①选择观点即组成正反双方—双方依次陈述—双方辩论—主辩总结，切不可任由双方辩论，造成个别同学的对战；②观众组参与辩论，陈述自己的观点；③第三方即评论组给予评价反馈；④教师总结。应该注意的是，为保证不遗漏知识，教师要在辩论前和辩论后利用不同形式展示知识结构，以使学生更牢固地掌握知识。此外，辩题应是所学内容的核心问题，否则，就会成为为辩论而辩论。

6."支架式"学习组织技巧

没有获得帮助的学生的学习是低效的。任何人都会有思维盲点或障碍点，给学生一点儿支持，这样学生才能更好地表达、操作、展示。教师在课堂上的主要作用之一，就是给学生的学习架设扶梯、铺平道路。

## （五）组织小组合作的时机与方法

从学生生理及心理特点考虑，过多的小组合作必然会分散学生的注意力，容易造成心理疲劳和注意力不集中等不良后果，从而影响小组学习的效果。因此，准确把握小组合作的时机，采取恰当的方法进行引导，是实现课堂高效的重要措施。什么时候是进行小组合作的恰当时机呢？

### 1.答案多样时

学生都有一定的竞争欲望，渴望自己的观点被肯定，但又不善于有理有据地阐述自己的观点，一旦有不同意见，浮于表面的争论较多，说服力不强，理性分析欠缺，思维深度不够。此时，教师如果将有争论价值的疑点让学生进行小组讨论，让持有相同意见的学生一起合作，与持有不同意见的学生争辩，在辩论中明晰正误，就不仅能够让学生统一观点，还能培养学生分辨是非的能力。

### 2.思维受阻时

学生思维受阻之处往往是课堂教学的重难点，此时通过个人努力往往无法解决，需要互相启发。这时，教师应有意识地组织学生进行小组讨论，发挥小组合作的力量，调动学生的积极性。让学生共同探究，有利于攻克教学重难点，也能培养学生探究问题的能力与协作精神。

### 3.质疑问难时

在学生提出问题时，组织学生进行小组讨论，能体现学生的主体地位。学生自读课文时，尤其是初读某个章节、段落时，往往会提出疑问。这时，教师要从学生提出的一系列问题中筛选、提炼出最有代表性的问题，让学生进行小组讨论，把主动权交给学生。

**4.探求规律时**

每个知识点都有自己的特点和规律，需要学生在诸多的素材中找出异同、归纳特点、全面总结，探讨知识的内在规律时，可以采用小组合作的形式。

**5.实际操作时**

在动手操作的过程中，有些操作学生仅凭个人的智慧和力量是无法独立完成的，这就需要发挥小组成员的聪明才智，分工合作，共同完成。

当然，小组合作的时机还需要教师根据教学的需要灵活把握，同时教师也要了解小组的各个发展阶段的特点，以便做出正确的指导（见表3-1）。

表3-1 小组合作的阶段、特点及对策

| 阶段 | 特点 | 对策 |
|---|---|---|
| 试探期 | 小组成员互不熟悉，个性活泼的学生会尝试完成小组任务，个性内敛的学生常处于观望状态 | 评选"积极参与小明星"，考评时注重参与率 |
| 震荡期 | 小组成员开始熟悉，充分展示自己的个性，组内出现纷争，组外人际冲突明显 | 教会学生欣赏式点评，布置作业 |
| 凝聚期 | 懂得组内合作的方法，会倾听，会求同存异，会合理分工并自觉完成自己的任务，有小组归属感 | 总结成功的原因，诊断小组存在的问题 |
| 形成期 | 不仅组内事务处理得好，与其他小组的竞争也处理得好，班级呈现融洽和谐、奋发向上的状态 | 强调欣赏式点评，带领学生学会欣赏他组的成绩，学会谦虚地接纳别人的建议；鼓励班内的合作与互助 |

## （六）小组合作学习机制设计原则及组织文化创建

### 1.设计原则

（1）分享性原则

共同分享与任务完成有关的所有信息，分享渠道畅通无阻——沟通交流，充分地表达自我。

（2）整体性原则

依靠团队与组织的力量，不是个人英雄主义——全员参与，共同进步。

（3）平等性原则

虽分工不同，但人人地位平等，平等竞争、平等沟通——培养每个人发表意见的勇气。

（4）互助性原则

尊重多元，鼓励从不同的视角看问题——培养更全面的思维。

（5）竞争性原则

小组作为组织与其他组织进行竞争——培养个人与团队的合作意识，懂得合作带来共赢。

2.组织文化创建

确保小组合作学习顺畅高效的是组织的文化，也就是组织有共同的信仰和目标。因此，进行小组建设不是单纯给小组取名字，而是要把小组的共同目标和信仰，以组名、组徽和小组公约等外显文化形式烙印在每位成员心上。这样才能产生初步的组织文化。组织文化的发展是一个渐进的过程。小组成员制定一个共同目标，然后一起去完成，这是一个容易被忽视的过程。许多学校在小组建设过程当中认为只要分了组，对学生的课堂行为有评价，小组就应该产生效果。殊不知，正是因为没有"组织"和"组织文化"的概念而造成小组并没有成为真正的学习组织，学生只是以小组的形式围聚在一起，而小组的作用没有发挥。小组的文化建设，必须落实到组内的每一个人。

小组合作不仅能在课堂上发挥作用，还可以拓展成为学生的生活小组。学生在寝室的活动、课堂以外的其他活动、放假以后的活动，都可以由生活（学习）小组安排。生活（学习）小组能够使学生强化组织观念，增进互相了解。

校本课程的开发，小组也可以发挥作用。每个小组可以选择一个自己感兴趣的主题，每位同学就这个主题进行研究，并轮流作为主讲与其他组进行交流。这样的课程就不再是学校强行设置的，而是从学生中来，以学生为主体的。

## （七）小组的管理策略：建立科学的评价机制

学习小组创建后，要形成高质量、高效能的学习共同体，建立以人为本的多元、开放、民主、平等、自由的学习场所，必须有科学、有效的新型管理评价机制相配套，要处理好班主任、任课教师及小组成员三者之间的关系。

1.评价原则

实行同层竞争的评价方式，规定每个小组的同号选手为竞争对手（因为他们水平相当），强调只要努力就可以进步，就可以为小组争光，这样做大大保护了学生的自尊心，激发了他们的斗志。对不同层次的学生有不同的要求，能使学困生品尝到成功的滋味，进而激发他们的学习兴趣。此外，还可以对学生进行捆绑评价，每周评选榜样组，榜样组的每名成员都可获得一张榜样卡，连续两周被评为榜样组的，即可受到级部的表彰，连续两次受到级部表彰的即可获得学校的表彰。

2.评价方法

（1）个人评价细则及奖励办法

①每天按时、认真完成作业，加1分；完成不认真减1分；未完成减2分。

②课前认真完成导学案或预习任务，加1分；完成不认真减1分；未完成减2分。

③组内交流时服从组长安排，交流认真，能清楚表达自己的想法，加1分；不服从安排，乱说话，减1分。

④组内交流或班内集体交流时能认真倾听，不做小动作，不乱说话，加1分；反之，每次减1分。

⑤组内交流或班级交流时，能根据学习内容提出引导大家深入思考的问题，每提出一个问题加1分。

⑥组内交流时，能帮助他人解决问题或困惑，每次加1分；班级交流时，能帮助他人解决问题或困惑，每次加2分。

⑦课上代表小组回答一次问题，加1分；帮助本组成员回答一次问题，每次加1分；因发言精彩而得到老师的表扬为本组争得加分的组员，每次加2分。

⑧课堂表现与以前相比有较大进步，课下经小组成员评议通过的，加1分。

每个人的基础分为10分。组长根据评价细则认真记录，每天汇总。每组同号的同学进行比较，得分最高者可获得一张榜样卡，得到十张榜样卡的学生可获得榜样章。班长每周汇总组员的得分，每组同号的同学进行对比，得分最高者可获得"班级明星"个人称号。连续两周被评为"班级明星"的个人，则可获得"年级明星"个人称号。

（2）榜样组评价细则及奖励办法

①小组成员都能按时、认真完成作业，该组加1分；小组成员有三人及以上的作业受到老师的点名表扬，该组加2分；小组成员有一人不按时完成作业，该组减1分；小组成员有两人及以上不按时完成作业，该组减4分。

②组员课前都能认真完成老师布置的预习任务或发的导学案，该组加1分；如有一人不完成或完成不认真，该组减4分。

③组内交流时有序，人人发言，完成任务后立刻坐好等待，该组加1分；交流讨论时混乱、低效，该组减1分；交流时被老师点名提醒，该组减2分。

④组内交流时能及时发现本组成员存在的问题并积极帮助其解决，该

组加1分。

⑤班级交流时，组员认真倾听，该组加1分；班级交流时，被老师点名提醒，该组减2分。

⑥班级交流时，由1号、2号组员代表本组发言，声音洪亮，表述清楚，该组加1分；由3号、4号组员代表本组发言，声音洪亮，表述清楚，该组加2分；在组内交流讨论的基础上代表本组发言的组员仍回答不准确，完不成老师交给的任务，该组减1分（本组成员积极帮助其回答准确除外）。

⑦班级交流时，老师所叫的学生回答问题有困难时，非本组成员积极帮助解决困难的，帮助他人的同学除享受个人加分外，还为自己所在的小组争得1分。

⑧小组成员能在课上当堂完成达标练习，该组加1分；小组成员不能当堂完成达标练习，课下组员帮助有困难的同学完成的，该组加1分。

⑨大胆质疑、提出有价值的问题，每人每次加2分。

榜样组的评价由各科教师负责，根据每堂课各小组的表现加减分。每天结束后，由值日班长把各小组的得分情况抄到榜样组评价积分表上。评价积分表一周一汇总，得分前五名的小组即为榜样组。榜样组的各成员每人获得一张榜样卡。连续两周获得榜样组的小组，即为年级的榜样组。连续两次被评为年级榜样组的，即为学校的榜样组。

所有教师在使用基本评价细则的基础上，还可以根据学科的特点和学生的情况，制定、修改或补充评价细则。

## （八）"126策略"下的教学设计

"126策略"解读："1"就是营造一种课堂文化，即"情义文化"（师生情义、生生情义）。这是高效课堂建设的起点，也是最终的落脚点，表现为"人人为师，互助共勉"的人际关系和学习氛围。"2"就是着眼于

"互助"和"交流"这两个合作学习的关键因素，优化教学设计、组织课堂教学。"6"就是实现有效合作的六个点位（六个关注点和着力点），即在学习的过程中，同学间的相互辅导、相互管理、相互激励、相互讨论、相互展示、相互评价。

"126策略"主导下的课堂教学设计（备课），有两项重要任务。

1.规整任务项

教师对本节课的教学内容、教学任务进行梳理，整合相关资源，围绕教学目标，提出若干个（系列）任务项。任务项数量最好与小组数对应（但应主要依据教学内容的特点和有利于教学任务完成的需要而定）。任务项要明确，但应概括（习题类除外）。

任务项规整要力求合理、科学，并非一律为教学内容的简单切块和划分。

2.先行诊断预设

先行诊断预设是指对学生完成每一项任务可能遇到的困难和出现的问题进行铺垫、点拨的预设；更重要的是针对教学重难点的突破落实预设方法策略以及如何帮助学生形成理性的归纳概括。

## （九）"126策略"下的课堂教学实施

1.任务项投放

任务项投放方式大致有三种。一是每一个小组独立承担一个任务项（可以自主认领、可以由教师分配、可以抽签确定），如果任务项少于小组数，复杂一些的任务项（或重、难点问题）可由两个或多个小组承担；如果任务项多于小组人数，简单一些的两个或多个问题可由一个小组承担。二是每个小组都承担所有的任务项，组内再根据问题难易程度进行合理的内部分工。三是根据教学需要的任务性质，任务项可分为两类，一类由所有小组共同承担（如完成分工任务项需要的基础知识部分），另一类任务项再分工承担。

任务项可在预习阶段投放，让学生提前了解并据此搜集相关学习资料，以利于学生对非本组承担任务项学习内容的接受掌握和参与交流。

2.小组自主合作探究

在小组长及组内课代表管理组织和指导下，首先由每个同学独立思考，自主学习。在此基础上，展开交流，相互讨论，展示自学成果，梳理汇总学习成果。此间，要遵循"弱者优先原则"，让差生优先获得发言机会。最后，要对如何进行课堂展示进行任务分工和形式确定，并进行组内演练。

这是小组合作学习的关键环节，时间要充足、讨论要充分。互助作用的发挥是关键中的关键。主要体现在同学间的相互督促、相互帮助、相互检查落实等方面（优生要对差生的任务完成情况、知识掌握情况进行检查）。

这一环节中，教师要注意观察，为小组学习提供必要的支持。

3.展示交流

各组有秩序地将承担任务项的学习成果进行展示。展示应是整个小组的展示，应有尽可能多的学生共同参与、协作来完成展示任务（让更多的学生展示，就是让更多的学生得到表现和锻炼的机会，让更多的学生获得积极的体验、树立学习的信心）。

小组展示要遵循机会均等原则，应在教师统筹调控之下，让各小组有同等的展示机会。

展示交流越充分，学生的认知越清晰，知识体系越优化。充分的含义：一是参与交流的人数多，信息量大；二是学生相互质疑、评价，促进思维的发展。

展示交流中应由学生串联过渡，常用语："我们的展示完成了，同学们还有什么问题和补充吗？""请我们组某某同学，接着为大家展示"或"请某某为我们展示某某问题"……

## （十）"126策略"下的课堂教学评价标准

"126策略"下的课堂教学评价标准的制定原则：从关注教的评价到关注学的评价。从学生学的角度来审视、考察课堂，以学生学的状态和效果来检验教师教的能力和水平，通过评学来帮助教师改进教，应成为"126策略"下的课堂教学评价新常态。

"126策略"下的课堂教学评价标准见表3-2。

表3-2  "126策略"下的课堂教学评价标准表

| 指标及权重 | | 评价要点 | 评价方式 |
|---|---|---|---|
| 教学目标<br>（10分） | | 1.符合学生实际及新课标要求，尽可能站在学生角度进行表述和呈现，全面、明确、具体；2.知识、能力目标可检测；3.注重目标的生成性 | 查看教案、导学案、课堂观察 |
| 教学过程<br>（60分） | 自学<br>（10分） | 学生：1.明确自学目标和任务；2.独立、专注、积极自学；3.对学习内容作出初步理解并标出疑难点；4.自学时间充分 | 课堂观察 |
| | | 教师：1.精心创设情境，问题设计典型，有层次、有深度，激发学生求知欲望和学习兴趣；2.对学生自学进行过程管理、方法指导和适时评价，有效引导学生自学进程；3.督促、指导学生标出自学疑难点；4.合理调控学生自学时间 | 课堂观察 |
| | 互学<br>（20分） | 学生：1.小组分工明确，制度健全，人际关系民主、平等、和谐；2.采取对学、群学等形式，有效解决疑难问题；3.互学参与度高，无人做与学习无关的事（否则每人次扣1分） | 课堂观察 |
| | | 教师：1.对学生互学进行过程管理、方法指导和适时评价，确保对学、群学的效果；2.督促和指导各学习小组做好展学前的充分准备 | 课堂观察 |

| 指标及权重 | | 评价要点 | 评价方式 |
|---|---|---|---|
| 教学效果<br>（30分） | 展学<br>（30分） | 学生：1.围绕核心问题及重难点知识,至少有2个小组展示（可在座位上展示,不符合此要求按最低档评分）;2.小组展示分工明确,观点鲜明,有价值、有深度、有拓展,形式多样（如一题多解、变式拓展、错误分享）;3.学生展示仪态大方,语言规范,声音洪亮,板书工整,展示手段灵活多样;4.小组间有质疑对抗,思维碰撞;5.主动参与知识的归纳总结;6.独立完成当堂检测,及时发现并解决问题 | 课堂观察 |
| | | 教师：1.对小组展示追问及时,点拨到位;2.有效运用激励手段,为各小组创造均等展示机会;3.引导学生对知识进行归纳总结,形成知识结构;4.根据教学必要性原则进行当堂检测和反馈矫正,拓展学生思维深度和广度,引导学生形成正确的情感、态度和价值观 | 课堂观察 |
| | 表现<br>（10分） | 1.教学过程体现"先学后导、互助展评",结构合理,张弛有度;2.师生关系民主和谐,教师教学方法灵活、适切、有效,学生主体作用发挥充分,课堂气氛活跃;3.教师教态自然大方,普通话规范生动,板书简明美观,多媒体、教具等教学手段使用恰当自然;4.教师讲授时间原则上不超过15分钟（达不到此要求扣5分）;5.无知识性错误（出现此项扣5分） | 课堂观察 |
| | 达标<br>（20分） | 1.重难点知识落实到位,当堂检测或随机测评通过率高,有效达成知识与能力目标;2.不同程度学生在情感、态度、价值观等方面都获得发展 | 课堂观察<br>随机测评 |
| 加分项目<br>（5分） | | 1.小组成员形成积极心理依赖,对学、群学参与度高,有序、有效解决疑难问题,提出有价值的想法、做法和问题,加1分;2.有3个及以上小组上台展示,展示效果明显,加1分;3.小组展示规范、有效,教师追问及时、点拨到位,小组间有质疑对抗、思维碰撞,加1分;4.课堂整体优质高效,特色鲜明,加2分 | 课堂观察<br>师生访谈 |

| 指标及权重 | 评价要点 | 评价方式 |
|---|---|---|
| 说明:总分A及对应等级为:①A<60分,低效;②60≤A<75分,合格;③75分≤A<90分,良好;④A≥90分,优秀 | | |

教师课堂教学自评见表3-3。

### 表3-3　教师课堂教学自评表

| 项目 | 评价内容 | 评价结果 | | |
|---|---|---|---|---|
| | | 好 | 一般 | 差 |
| 教学目标 | 教学目标制定科学合理,体现三维目标,重难点把握准确 | | | |
| 学生自主学习 | 学生自主学习充分,投入度高,掌握正确的学习方法,自主学习高效,能够掌握基础知识 | | | |
| 小组合作交流 | 小组合作交流充分,交流时机把握准确,掌握交流技巧,每一个学生都能交流自己的观点认识 | | | |
| 学生展示点评 | 学生无论在小组内还是在班内展示时,都能正确表述自己的观点,对其他同学的观点敢于质疑,并对他人的展示给予准确点评 | | | |
| 知识巩固落实 | 基础知识当堂得到落实,重点问题重点解决,难点问题得以突破 | | | |
| 情感教育 | 学生的情感得以升华,对于形成正确的价值观有较大启发与帮助 | | | |
| 学生能力培养 | 通过本节课的学习,学生在学习本类知识时能够掌握方法规律,学科学习能力得到培养 | | | |
| 综合评价等级 | | | | |
| 教学反思 | | | | |

家长对教师的评价见表3-4。

表3-4　家长对教师的评价量表

| 项目 | 评价内容 | 评价结果 | | | |
|---|---|---|---|---|---|
| | | 好 | 较好 | 一般 | 稍差 |
| 教学目标 | 老师尊重学生,给学生发言权 | | | | |
| | 老师注意培养学生之间的合作精神 | | | | |
| | 老师的教学能使我的孩子情感和学习态度发生积极变化 | | | | |
| 教学设计 | 我的孩子喜欢老师的课 | | | | |
| | 老师上课,能使我的孩子通过自己的努力去得到知识 | | | | |
| | 老师的课,我的孩子容易懂,能理解 | | | | |
| | 课堂中,学生能主动积极地思考、讨论、发言 | | | | |
| 学习环境 | 老师上课时,保证学生有时间思考、讨论、发言 | | | | |
| | 老师上课时,我的孩子心情是愉快的 | | | | |
| | 老师用学生熟悉的事例,帮助孩子理解知识 | | | | |
| 促进教学 | 老师鼓励学生自己努力去发现和提出问题 | | | | |
| | 老师提倡学生之间围绕学习问题开展讨论交流 | | | | |
| | 课堂中老师能照顾到每一个学生的学习 | | | | |
| 学习评价 | 教师对学生进行评价、学生之间互评 | | | | |
| | 老师经常鼓励学生,他(她)增强了学习的信心 | | | | |
| 教师素质 | 老师的知识很丰富,学生们都敬佩 | | | | |
| | 学生在学习中都很活跃,学习纪律良好 | | | | |
| | 老师的教学态度好,与学生之间感情深 | | | | |
| 我想对老师说的话 | 我最欣赏的方面 | | | | |
| | 我觉得不满意的方面 | | | | |
| | 我的建议 | | | | |

学生课堂学习自我评价见表3-5。

表3-5　学生课堂学习自我评价量表

| 评价类别 | 评价内容 | 得分 |
|---|---|---|
| 自主学习 | 1.我有明确的学习目标和可行的学习计划 | 1 2 3 4 5 |
| | 2.我对学习有积极的态度,并探索适合自己的学习方法 | 1 2 3 4 5 |
| | 3.我根据需要进行预习 | 1 2 3 4 5 |
| | 4.在学习中我能集中注意力、积极思考 | 1 2 3 4 5 |
| | 5.在学习中我善于记要点、利用非语言信息辅助理解 | 1 2 3 4 5 |
| | 6.我认真倾听同学展示并积极动脑思考,发现他人的优点,完善自己的知识结构 | 1 2 3 4 5 |
| | 7.我能独立完成作业 | 1 2 3 4 5 |
| 合作学习 | 8.在小组和班内我积极大胆地提出自己的问题和困惑 | 1 2 3 4 5 |
| | 9.我经常与老师和同学交流学习体会 | 1 2 3 4 5 |
| | 10.对同学们提出的困惑我认真帮助解决 | 1 2 3 4 5 |
| | 11.当遇到自己确实解决不了的问题时我才和其他同学交流讨论 | 1 2 3 4 5 |
| | 12.我积极展示小组合作学习的成果 | 1 2 3 4 5 |
| 探究学习 | 13.我对所学内容主动复习并加以整理归纳 | 1 2 3 4 5 |
| | 14.我注意总结学习规律并运用规律举一反三 | 1 2 3 4 5 |
| | 15.我总是对新知识保持好奇心,有浓厚的求知欲 | 1 2 3 4 5 |
| | 16.在学习过程中我能意识到错误并及时纠正 | 1 2 3 4 5 |
| | 17.我善于钻研探究学习中遇到的问题 | 1 2 3 4 5 |
| 个性特色 | 18.课堂上我积极展示自己的个性特长 | 1 2 3 4 5 |
| | 19.我动脑思考,展示自己独到的见解和认识 | 1 2 3 4 5 |
| | 20.我通过自己的努力为小组争得了荣誉 | 1 2 3 4 5 |
| 说明:得分栏中1=从来不,2=基本不,3=有时,4=经常,5=总是。学生根据自己的实际情况选择其中一种 | | |

学习小组成员评价见表3-6。

表3-6　学习小组成员评价量表

| 评价类别 | 评价内容 | 分值 | 得分 |
|---|---|---|---|
| 自主学习 | 1.在学习中善于记要点 | 5 | |
| | 2.在学习中首先独立学习、思考 | 5 | |
| | 3.按要求进行有效的课前预习 | 5 | |
| | 4.在学习中集中注意力 | 5 | |
| | 5.课堂上认真倾听同学展示并积极动脑思考,分析他人优点,完善自己的知识结构 | 5 | |
| | 6.课堂上总是独立完成作业 | 5 | |
| | 7.善于运用不同的学习策略 | 5 | |
| 合作学习 | 8.经常与老师和同学交流学习体会 | 5 | |
| | 9.课堂上在小组和班内积极大胆地提出自己的问题和困惑 | 5 | |
| | 10.当遇到自己确实解决不了的问题时与小组内的同学交流讨论 | 5 | |
| | 11.对同学们提出的困惑认真帮助解决 | 5 | |
| 探究学习 | 12.提出新颖独特的见解 | 5 | |
| | 13.注意总结学习规律并运用规律举一反三 | 5 | |
| | 14.对所学内容主动复习并加以整理归纳 | 5 | |
| | 15.善于钻研探究学习中遇到的问题 | 5 | |
| | 16.善于对当堂收获体验进行总结 | 5 | |
| 个性特色 | 17.充分展示出自己的特长 | 5 | |
| | 18.有创建性地提出问题 | 5 | |
| | 19.创造性地履行小组内的职责 | 5 | |
| | 20.为小组做出突出贡献 | 5 | |

# 第四章　课程情义文化建设

学校的办学理念和特色主要依靠课程来呈现。课程集中体现了教育思想和教育理念，是实现培养目标的施工蓝图。从某种意义上说，有什么样的课程体系决定着培养什么样的人才，课程是学校文化建设的抓手，是特色办学的重要体现。

## 第一节　课程文化建设总纲

"课程"一词最早出现在英国著名教育家斯宾塞《什么知识最有价值》一文中，它是从拉丁语"Currere"一词延伸出来的。它的名词形式意为"跑道"，由此可知课程即为不同学生设计的不同轨道；而它的动词形式则是指"奔跑"，这样一来，课程的着眼点就应该放在个体认识的独特性和经验的自我建构上。课程的独特价值还应该是尊重某一个特定孩子的需求和不一样的成长方式。如果我们能够在可能的情况下更多地开辟一些供孩子"奔跑"的"跑道"，课程的价值就会在每一个不同的孩子身上显现得更加明显。课程是一个发展的概念，它是为实现各级各类学校的教育目标而规定的教学科目及其目的、内容、范围、分量和进程的总和，包括为学生个性的全面发展而营造的学校环境的全部内容。

教育事业的实质是一种价值传承、引导和教化。学校教育功能主要通过课程来实现，课程文化决定了学校文化的主题，课程文化建设自然也就成为学校文化建设的关键。随着课程改革的不断深入，课程文化问题日渐引起人们的关注。课程是学校育人的媒介和蓝图，课程文化是学校文化的主体和"代言人"。学校课程文化建设既是一项系统工程，也是一个循序渐进的过程。学校课程文化建设应该遵循"课程—特色—价值—文化"的根本路径。

## 一、学校课程文化建设的指导思想

以"三个面向"教育理论为指导，着眼于促进学生兴趣、需要和特长的个性化发展，着眼于促进学生当前和未来生活质量的提高，着眼于促进社会的进步和可持续发展，结合学校的具体特点和传统优势，开发并合理利用校内外各种课程资源，整体优化课程资源和课程实施过程，构建社会化与个性化相统一、基础性与发展性相统一、科学精神与人文精神相统一、适应学生个性发展与潜能开发的校本课程开发体系和运行机制，真正落实"以学生发展为本"的课改理念，充分体现师生的自主性和创造性，促进每一个学生富有个性地发展。

## 二、学校课程文化建设的目标

1.学生发展目标

培养学生持续发展的基本能力，终身学习的基本认知，融入社会的基本经验，幸福人生的基本思维。

2.教师发展目标

调动教师的积极性和创造性，促进教师更新教育观念，增强教师课程意识，提高课程开发能力，发挥个性特长，促进教师专业发展，提高教师队伍整体水平。

3.学校发展目标

扎实、稳步推进学校课程建设，逐步总结提炼出学校课程开发实施与管理评价机制，全面实施素质教育，促进学校教学文化建设，促进学校办学特色的形成。

## 三、学校课程文化建设中存在的问题

一是学校校本课程建设存在很大随意性，针对学校育人理念、学生需要、校内外教育资源的思考还不够深入，课程建设缺乏特色和活力，没有实现三级课程育人的有效互补。

二是学校三级课程建设没有形成体系。尚未真正从宏观教育目标入手，构建属于自己学校、适合学生发展的课程体系，且在构建过程中，远未形成规范、制度，进而形成完整课程体系。

三是对课程认识的窄化，将"课程建设"等同于"校本课程开发"，或将"校本课程建设"等同于"校本教材编写"等，没有真正让学校一切教育因素成为课程，成为学生成长的有效载体。

四是学校师资力量和经费投入不足，课程开发和建设水平较低，所开出的"课程"仅体现在几次活动或教师组织学生上几次动手实践课，存在明显的形式化倾向。

五是学校没有真正实施校本课程。受传统应试教育的影响，学校领导只重视语文、数学、英语等考试科目，没有认识到校本课程的价值，校本课程只是停留在课程表上，校本课程的课时被占用。

六是校本课程缺乏独立的课程价值。学校虽然开设了校本课程，但校本课程目标与国家课程、地方课程的课程目标混同，内容重复。

七是学校课程开发中选题规划存在诸多问题。课程的选题是课程开发"选种"和"育种"的关键，直接关系到课程开发质量的优劣。在选题实施中，存在着选题程序不规范、选题内容偏多、选题指导空泛、选题资源不足等问题，直接影响了课程开发应有的价值。

## 四、学校课程文化建设中应着力解决的问题

学校课程是体现学校教育思想的重要载体，是实现教育目的的主要途径，是学校教育活动的主要依据。"课程实施的最终走向是形成有学校特色的课程文化。"首先，课程本身就是一种文化，其背后蕴含着深厚的文化基础。其次，课程是一种软实力，它的实质是"化人"。在学校课程建设的过程中，需要我们以文化传承为基础，以文化创新为要求，立足课改，抓住现在，面向未来，通过构建课程文化，促进学校内涵发展。在学校课程文化建设中应着力解决如下几方面的问题。

1.学校要充分认识校本课程在课程文化建设中的价值

1999年6月《中共中央国务院关于深化教育改革全面推进素质教育的决定》指出，"调整和改革课程体系……试行国家课程、地方课程和学校

课程"。2001年6月《基础教育课程改革纲要（试行）》提出，调整和改革基础教育的课程体系、结构、内容，构建符合素质教育要求的新的基础教育课程体系。2003年《普通高中课程方案（实验）》又更加明确地提出，赋予学校合理而充分的课程自主权，为学校创造性地实施国家课程、因地制宜地开发学校课程，为学生有效选择课程提供保障。这些纲领性文件为我国基础教育领域的学校课程开发提供了政策依据。

根据《义务教育课程设置实验方案》和《普通高中课程方案（实验）》，国家课程方案由校本课程、地方课程与国家课程构成，三者分别具有相对独立性。其中，国家课程是国家开发的课程，集中体现了国家的意志；地方课程是省一级教育部门根据国家课程框架，根据地方经济、政治、文化、历史等实际情况而开发的课程，体现了地方的需要；而校本课程则是学校教师个人、教师小组、教师全体以及校外机构，根据学校实际情况开发的课程，体现了学校特色和学生需要。校本课程作为课程方案中的一部分，不是国家课程、地方课程的延伸，不是具体学科的加减组合，更不是服务于考试与学科竞赛的附属品，而是与国家课程、地方课程一样具有独立地位的课程。与国家课程相比，校本课程更为促进学生个性发展而设计，关注学生的兴趣与需求差异。以学生发展为本的教育理念要求学校努力创建适合学生发展需要的教育，要求学校的课程必须是共性与个性相结合的课程体系。适合的教育说到底就是适合的课程。学校中实施的课程既应当体现国家意志，又应当尽可能满足学生个性发展的差异性。显然，国家课程解决的是统一性与基础性问题，而校本课程解决的是学生的独特性与差异性问题。校本课程是国家课程的重要补充，离开校本课程的学校课程是不完整的课程。然而很多学校对于为什么要开发校本课程，校本课程在学校课程体系中处于什么地位、有什么作用等问题不清楚。

国家课程、地方课程和校本课程三类课程分工明确，价值互补。我们要把校本课程开发放到学校三级课程体系中来审视，正确认识校本课程所肩负的功能和所处的地位，科学规划学校三级课程体系，真正发挥校本课程独有的课程价值，使校本课程成为国家课程、地方课程的有益补充。

2.学校要切实做好课程开发的选题规划工作

针对目前学校课程开发中选题存在的问题，要做好课程开发的选题规划工作，必须切实做好以下几个方面的工作。

第一，把准课程开发的选题方向。选题方向的把准，有赖于两方面的把握。其一，把握课程性质。中小学课程开发本质上是全体教师的职责，而不是个别教师的才艺表演，是面向全体学生的服务，而不是给部分学生的优待。它是以学生自主选择、直接体验、研究探索为基本学习方式，以贴近学生现实的生活、社会、科学实践为基本主题内容，以满足学生个性发展为基本任务的非科学性课程，因此选题规划必须以此特性为自身的课程准则。其二，把握以下选题准则。一是彰显办学特色。选题要以"特"字为先，特色的厘定要确切、具体，明确主攻方向。要以"实"字为要，特色的切入口要选准、选实、选深，力求操作简明，方法得当，力所能及，不贪多求大，不冒进求快。二是切合学生发展需求。首先，选题要有服务面。为某几个学生开课，不切合学校实情，其选题应达到学生需求面的四分之一以上。其次，选题要有满足度。促进学生发展，达成个性需求要有度。一味超越学生学龄段，成本太高，学生满足面狭窄，一味滞后学生能力需求，则选题活力不足，课程收益不高，应立足于切中全体学生的"最近发展区"。三是打造学校精品课程。选题要立足精品课程群的经营和打造，树立精品课程意识，形成和谐课程版图。四是培育教师课程能力。选题开发要凸显发展本义，切实为教师课程开发搭建试验平台，提升教师专业水平。

第二，做实课程开发的选题审议。选题审议是保障学校有效课程开发的长效机制，所谓"题好一半文"。选题审议包括四个主要环节。其一，组织审议小组。审议小组主要负责人为教研室和教务主任各1人，成员由年级组长、各学科组长、教师代表构成，人数限定为20人。原则上，未经审议小组审议的选题，一律不准开设。教研室专注课程选题开发的教研，而教务处专注理顺课程安排和开设，二者联手足可担当，以突出课程开发的"教"与"研"的主线。其二，公正审议程序。审议程序由四个流程构成，一般为先审阅选题申请表，再进行教师选题自述，后实行选题对话询问，最后进行无记名民主投票。原则上，通过选题审议，需要获得半数或半数以上的票数。其三，明确审议标准。其标准有四。一是选题意义的说明。主要考查选题目的明确与否以及选题意义的深入程度。二是选题所面向的对象。主要考虑选题对学生选修范围界定的清晰度，是面向年级、跨年级，还是全校性质，以及此种选修范围选定的可行性。三是选题所需资源的设计。主要考查对现有的资源的利用率，对潜在资源的设计程度。四是选题可行性的论证。这是选题审议的核心，包括两部分。首先是选题内容的界定，包括考查内容选择的明确与否以及范围界定的适切程度。其次是选题价值的评估。评估一个选题价值的大小，应从整个学校课程的全景蓝图加以考量，主要关注四性。教育性，立足于过滤非教育性成分的选题，如追星、谈鬼说神等选题，这是确保选题具有教育意义的前提；独特性，选题必须突显办学特色和区域文化，强调课程对学生发展的独特价值，以区别于各学科课程；延展性，选题必须同各学科科普知识和常识认知区别开来，具有课程深挖和展开的空间，不是一次性产物；互补性，选题必须同学校现有课程相匹配，相融合，相勾连，以形成完整的课程版图。其四，公布审议结果。一是结果公示，听取反馈，进行民主监督；二是以书面形式通知入选教师，正式启动课程开发程序。

第三，探索课程开发的选题策略。选题策略是课程开发的有力抓手，主要有五种方法。其一，选题推荐法。学校可依据办学目标、地方特色、师资特点、资源状况等实际，开列一份课程选题清单，分列相关选题类型，向学生推荐，供学生选择，将反馈上来的选题进行分析和筛选，从而确定课程选题。其优点是操作简便，预设性充分，便于构建清晰、有序、搭配得当的课程版图，在很大程度上能够反映学生发展需求。其二，学科整合法。其特点是依托各学科课程进行选题开发，路径有二：一是同学科间整合，跨年度选题，找出学科年段间的课程结合和连接点，将其串联寻找课程开发的主题。二是不同学科间整合选题，可在年段内亦可在跨年段找出学科群间的"中间地带"进行选题思考。其优点是选题相对集中，师资配置方便，课程编排简易。其三，实践衍生法。课程选题在课程具体开发与实施过程中创生而来，呈现"梅开二度"及至脱胎换骨重获新生的特质，往往切中学生发展的当务之急，极具课程开发的生命力。它的一个基本特征是由关键性的课程实践事件催生而出，也就是说，亲历的现场性课程问题往往是师生课程选题的母体。其优点是，课程选题"生于斯、长于斯"，生命力旺盛，直指学校课程开发的本义。其四，问卷调查法。设计选题问卷调查，掌握学生课程学习的实际需求。通过对选题需求的数据统计和发展意向的分析，来确定课程开发主题。其优点是，获得学生课程需求的第一手材料，对课程需求面掌握较广，能为选题决策提供有力的向导。其五，条件商榷法。以条件资源作为"筛子"，重点选用条件成熟、资源丰富的课程主题。其优点是选题理性，入选率高，素材条件基础好。在实践中，这五种方法可贯通起来使用。如可以问卷调查，摸清学生的课程需求，通过学科整合和师生自主设计提供选题清单，在此基础上进行条件商榷，分析选定成熟主题，在实践中催生出一系列优质"主题群"。

第四，深化课程资源的开发利用。无视资源条件的选题，缺少选题实践的资源，都失去了自身存在的价值，二者必须联动。其一，深化课程资源开发管理。资源管理必须服从服务于课程选题，力求动静结合，以用为管。一是静态管理：登记存档。以活页方式编制《学校课程资源登记表》，来强化课程资源管理。登记册主要包括：资源的类型、所有者、获取方式、开发动态、使用事项和入册时间等。二是动态管理：整合利用。将登记造册的课程资源"储蓄"拿来"投资"，实现增值，其方式有二：整合同类资源，立足优中选优，求精务实，突出实效；整合异质资源，着眼于优化配置，取长补短，实现高效益。异质资源的统整须把握好三性。首先是互补性要强，所选的异质资源要有交互、融合的空间和合作使用的内需。其次是协调性要好，资源间要有联系点和结合部，克服"风马牛不相及"的强拉硬扯现象。资源的整合操作要简便，力避"远水难解近渴"的弊端。最后是成效性要高，资源整合后的"新产品"要有"高增值"，能用上、用好、用活、用久。其二，深化课程资源开发原则。一是开放性原则。"类型的开放性，是指不论以什么类型、形式存在的课程资源，只要有利于课程选题开发，都应是开发与利用的对象；途径的开放性，是指课程选题资源的开发与利用不应局限于某一种途径或方式，而应探索多种途径或方式，并且能够尽可能地协调配合使用。"二是经济性原则。课程选题的资源开发要追求"高性价比"，充分考虑课程资源开支的经济性、开发的时间性、空间的临近性和学习的便捷性。三是规划性原则。对课程选题资源要进行充分评价和规划，发挥"比较优势"，清楚以何种方式、通过什么途径、何时何地进行开发。

**3.科学构建富有特色的学校课程体系**

课程体系是指学校各种课程类型及具体科目的组织、搭配所形成的合理关系与恰当比例，是由各类课程构成的、有机的、完整的统一体。课程体系是学校育人活动的指导思想，是培养目标的具体化和依托，主要由课程观、课程目标、课程内容、课程结构和课程活动方式组成，其中课程观起着主导作用。

课程观是对课程的各种认识的总称，包括对课程的概念、课程的编制、课程的实施、课程的评价等各个方面的认识。

课程目标分广义和狭义两种，具有整体性、阶段性、持续性、层次性和递进性。广义的课程目标定位于教育与社会的关系，是一个比较大的视角，涵盖面是全层次的。它既是教育意图，包含了"教育方针""教育目的""培养目标""课程教学目的"和"教学目标"，又包含年级教学目标、单元教学目标和课时教学目标。狭义的课程目标定位于教育内部的教育与学生的关系，是一个相对狭窄而具体化的视角，它的涵盖面是特定的，主要指"教育目标"。在狭义上，课程目标不包含"教育方针"，只包含"教育目的""培养目标""课程教学目的"和"教学目标"。课程目标直接受教育目的、培养目标的制约和影响，是我们对课程与教学预期的结果。

课程内容是指各门学科中特定的事实、观点、原理和问题及其处理方式，它是学习的对象，它源于社会文化，并随着社会文化的发展而不断发展变化。课程内容的选择主要基于以下两点：一是学校的教育教学。二是学生的需求，也即照顾学生的发展需要和差异性的诉求。

课程结构是指学校课程体系中各种课程类型及具体科目的组织、搭配所形成的合理关系与恰当比例，是由各类课程构成的、有机的、完整的统一体。课程结构是针对整个课程体系而言的，课程的知识构成是课程结构的核心问题，课程的形态结构是课程结构的骨架。课程类型按不同维度来划分，主要有：学科课程与经验课程，分科课程与综合课程，必修课程与选修课程，国家课程、地方课程与校本课程等。各课程类型和科目都具有自身的价值，在课程结构中具有相应的地位，与其他课程形成价值互补。

与国家、地方的课程结构相比，学校的课程结构是微观层次的，具有操作性强的特点。学校的课程结构应该基于以下方面建立。一是基于国家和省的课程结构的基本要求，体现一定的变通性，体现学校所在区域社会、政治、经济、文化的发展状况对学校课程建设的现实要求。二是课程结构要适应本学校教师和学生的特点，体现学校师生在课程改革中的主体性、选择性。三是课程结构要适应学生的个性差异，建立和完善课程选修制度。教育面对的是一个个具有独特个性的学生，教育的根本目的和内在价值是促进每一个人的个性发展。衡量课程改革成败的基本标志是看它是否促进了学生的个性发展。为此，课程结构必须具有选择性，以适应学生的个性差异。

4.教师如何科学合理地开发校本课程

课程研发能力是新课改对一线教师提出的新要求，课程改革要求老师由传统的机械地使用教科书，转化为合理地整合教材、研发课程，那么一线教师如何科学合理地研发课程呢？

其一，必须具有强烈的课程意识。要激发校长和教师的课程意识。严格地说，无论国家课程、地方课程，还是校本课程，在任何学校都有一个"落地生根"的问题。课程对于学生成长如此重要，国家课程、地方课程又不能够解决每个学校的"个性"问题，让教师成为具有"创生取向"的校本课程研发者，就具有特别重要的意义。

其二，必须掌握课程研发的基本方法与程序。教师应该掌握基本的课程理论，只有在具备一定的课程理论知识的情况下才能设计出来复杂的课程本身，以及围绕着课程的各类复杂因素。泰勒曾经把课程研发分为四个基本阶段：学校应当试图达到什么教育目标，提供什么教育经验最有可能达到这些目标，怎样有效组织这些教育经验，怎样确定这些目标已经达到。所以，确定课程目标，整合课程资源，组织实施课程，评价课程效果，是研发校本课程不可或缺的基本过程。教师要详细明确研发课程的"教育目的"（让学生成为一个真正对社会有用的人）、"课程理论"（学生是课程的主体；生活世界是课程内容的范围；课程是学生通过反思性、创造性实践而建构人生意义的活动；课程的学习活动方式以理解、体验、反思、探究和创造为根本；教师和学生不是课程的简单执行者，而是课程的创生者）和"课程框架"（初中阶段设置分科与综合相结合的课程）。教师想要研发课程，就要依据此目的，参照这些理论与原则，择其课程框架中的某些留白，结合自身的能力与资源，进行具体的研发。

研发课程有两种基本形式。一是教师对现有课程进行"二次开发"，即根据需要对课程内容进行适当的增删、调整和加工，从而更好地适应学生的学习状况。二是教师作为研发主体开发出新的校本、班本课程。这两种形式并没有本质的差异，只是程度的不同，应该根据实际需要决定采取何种形式。

其三，必须明确课程目的和课程目标。从课程理论的角度来看，要有一个完整的目标体系。奥恩斯坦和汉金斯在《课程：基础、原理和问题》中提出的目标顺序为：哲学观—目的—目标—具体目标。目的是一个总的表述，为指向某种未来的结果或行为的具体行动提供框架和方向。目的是在哲学观，即价值判断的基础上提出的，往往比较宏观，而且充分反映国家的意志，一般由国家通过法律法规或者行政性文件来规定。目标是目的的具体化，是对蕴含在脑海里的目的的结果的陈述。具体目标是目标的进一步具体化，具体目标往往是可以描述、操作和评价的目标。具体目标可以分为三个层次：一是课程计划的具体目标，是各门学科（如科学或数学）在各个年级水平要达到的具体目标；二是单门课程（如生物或历史）要达到的目标；三是课堂具体目标，主要是单元和单课计划的具体目标。大到一个国家的课程改革，小到一个教师的课程研发，如果没有正确的教育哲学指导，没有明确的教育目标，难以真正取得成功。

教师研发的课程，也即校本课程的基本价值取向可以分为两类：一是合乎人性、造就全人，以人格完善和人的发展为目的的课程价值观；二是以"有用性"、满足学生的某种需要为目的的课程价值观。具体到一所学校就是，校本课程建立在更为具体的价值取向基础上。

其四，必须充分挖掘和善于整合利用各种课程资源。由于教材一直是我国学校教育的主要课程资源，人们常常误认为教材就是唯一的课程资源，甚至是课程本身，所以在研发校本课程的过程中存在乱编、乱印、乱发教材的现象。开发校本课程并不是一定要开发校本教材，教师应该把精力重点放在《校本课程纲要》的编写以及各种课程资源的整合利用上。《校本课程纲要》主要包括主讲教师、教学材料、课程类型、授课时间、授课对象、课程目标、课程内容（要重点明确，按从易到难排序；涉及选择什么内容、怎样组织这些内容、安排什么活动）、课程实施建议（主要是对学生学业成绩的评分，涉及评价方式、计分方式、成绩来源等）等。课程资源的整合利用主要包括以下几个方面。一是与社区资源整合。社区蕴藏着丰富的课程资源，不仅仅是人力资源，还有文化资源、自然资源、科技和经济资源。地方的名人，地方的物产，地方的气候，地方的民俗，这些都可以成为课程资源。二是与地方课程整合。地方课程与校本课程具有鲜明的地方性或地域性，两者的有机整合是可能的，也是必要的。校本课程与地方课程可以在课程资源、课程目标、课程内容、课程实施等方面实现有机整合。三是与综合实践活动有机整合。校本课程与综合实践活动既有区别又有联系，二者都需要校本开发，所以二者存在整合的可能性和必要性。很多学校的校本课程是随着综合实践主题活动内容的不断丰富和完善而生成的。四是与学校的传统活动有机整合。将学校的传统活动从目标、内容、实施、评价等方面进行系统规划、深入开发，使之成为校本课程。五是与学校文化有机整合。每个学校都有自己独特的文化，学校文化建设涉及观念的更新、制度的建设、行为的改变等多方面的内容，这与校本课程实践存在着方向上的一致性和内容上的关联性。可以说，校本课程开发的过程就是学校文化重建的过程。要将校本课程研发和学校文化建设有机整合，让校本课程成为学校特色的"名片"。

其五，研发课程必须坚持从学生的角度理解课程。教师作为课程的研发者，必须清晰地认识到，课程的主体是学生，课程从一个角度讲就是每个学生的生命旅程，是一段并不脱离情感、道德的认知过程。只有从学生的角度理解课程，才有可能筛选出符合学生身心规律的课程资源，才有可能研发出实现知识、生活与生命共鸣的课程。因为在课程中最有价值的，不是知识，而是能力。校本课程的目标是一切为了学生，教会学生做人——做品德优良、知行统一、身心和谐、充满活力的拥有"中国灵魂，世界胸怀"的有志青年；教会学生求知——引导学生打好基础，掌握方法，发掘潜能，培养特长；培养学生的创新精神和创新品质——引导学生走进社会，投身实践，勇于创新，敢为人先；激励学生发现自身潜能，发展自身特长，从而使他们的个性获得生动活泼而又和谐的发展，为学生终身发展奠定基础。

其六，必须充分发挥教师的积极主动性。虽然学习课程的主体是学生，但研发课程的主体是教师。再丰富的课程资源，如果没有教师科学的理解与阐释，也会变得索然无味。再贫瘠的课程资源，如果教师足够智慧，能够大量调动个体生命体验融入课程之中进行二次开发，也会有优质课程的出现。同样的课程资源，哪怕由同一位教师实施，也不会是无意义的重复，因为教师理解的深入、生命体验的再度丰富、自身欠缺的逐渐弥补，也会将课程推向新的高度。只有当教师将自己的生命体验融入课程之中，课程才能真正滋润学生的生命。正如斯坦纳所说："那些把自己看成是与课程融为一体，并诚挚地作出努力的教师，比起那些仅仅传授从最新的教科书中得到的以智力形式出现的、浅显化的科学知识的教师，更能有效地和学生交流。"

教师自身的素质，是课程研发的关键。每个人的直接生命体验总是有限的，间接生命体验却可大至无限；从纯感性的体验出发，到理论的总结与归纳，在高度的引领下又将促成生命体验的更大丰富，这是一个成长的循环。因此，学校强调教师研发课程的"三专发展"，强调对哲学、心理学、教育学经典书籍的啃读，强调观念与经验的互相转化与深化……在所有关于研发课程的探索中，我们坚守的依然是以教师为起点、以人为中心的原则。研发课程是一种不可能从天而降的本领，仅阅读课程的书籍和实践案例是远远不够的，只听一场关于研发课程的报告也是不够的。研发课程的能力，归根结底是一种生命的创造力，蕴含在每个生命之中，只要行动，就能唤醒。

研发课程首先需要教师熟悉相关的课程。研发课程，在相当程度上，首先是要担当一个既定课程标准和课程框架的执行者。课程的实施一定会受到教师生命体验的影响，一定会地方化、当下化、教室化，才最终得以在学生身上显现。教师也应该成为课程的执行者和开发者。在这个基础上最重要的是，教师应该具有"我就是课程"的胸怀和气魄，认真地理解资源、理解学生，积极地整合课程资源，用心地从一次次小的课程改进、一个个小的课程创造开始，把自己作为课程的重要组成部分，研发校本课程。

5.提高教师的课程实施能力

课程实施就是将规划的课程付诸实际教育教学行动的实践过程。课程实施能力可以分为广义和狭义两个层面。广义而言，课程实施能力包括对课程取向的感知能力、对文本课程的解读能力、对诸种课程的整合能力、对个人课程的设计能力、对课程执行的掌控能力和对个人课程的反思能力；狭义而言，课程实施能力主要指的是个人课程的设计能力和执行能力。不过，总体上可粗略将其概括为课程理解能力、设计能力、执行能力和反思能力等四方面的能力。因此，我们将课程实施能力提升的策略划分为优化学校课程文化、完善教师课程知识、鼓励教师课程创新、促进教师课程反思四个方面。

其一，优化学校课程文化：为课程实施能力提高创造价值环境。"人们在占有文化的同时也被文化占有着"，其实在潜移默化地影响和塑造一个群体或个人的能力、观念、习惯、思维的恰恰是人们创造的文化。学校文化是激励、推动、引导教师发展的原动力，也培育、塑造、改变教师成为它（学校文化）的"教师"。学校文化结构复杂，而对教师课程实施能力发展至关重要的是课程文化。对于课程文化，我们可以进行多维审视，"从文化的角度，把课程文化分为物质文化、制度文化和精神文化；从课程的角度，课程文化包括目标文化、内容文化和实施文化；从方法论的角度看，课程文化体现着课程对文化选择的尺度；从对象化角度看，课程文化是一种文化形态或文化形式，也是多种文化价值的整合与体现"。学校整体课程文化的优化有助于教师共同体对课程文化的认知、认同和内化，也有助于教师对自身素养的确认、定位和提高。因此，构建积极、多元、和谐的学校课程文化可为全面提升教师课程素养和课程实施能力提供学校价值支持。当然，教师在学校文化建设中并不是完全被动的，教师既是学校文化塑造的对象，也是构建学校文化的重要主体之一。在构建学校课程文化时需要注意以下几点：一是帮助教师共同体形成积极的课程信念，二是鼓励教师共同体形成合作的工作方式，三是激发教师参与课程活动的文化自觉性，四是建立科学的学校课程管理和评价制度。

其二，完善教师课程知识：为课程实施能力提高准备认知前提。教师的课程实施能力是以教师扎实、丰富、灵活的知识结构作为基础的。影响教师课程实施能力水平最重要的知识包括教师的学科知识、教学知识和课程知识三个部分。其中，课程知识是实践中最容易被忽视，也是对教师课程实施能力发展至关重要的部分。课程知识几乎成了课程实施能力提升的"短板"，有必要给予格外的关注。教师的课程知识包括四个方面的内容：一是对课程发展趋势的认知、对课程核心理念的理解、对课程实施现状的了解；二是对课程标准文本的认识、对教科书设计意图的领会、对不同版本教科书异同的掌握；三是对课程隐含的教学观念的领会、对新课程教学行为特点的把握、对有关个人课程设计与开发知识的理解和运用；四是对教师个人课程知识进行客观评价、反思的知识，以及有关个人课程知识提升的策略、方法、途径的知识。教师课程知识的培养和提高应该注意两点：一是要通过理论学习、案例分析鼓励其亲近课程理论知识；二是要鼓励教师在实践中学习、反思，在学习、反思中实践，实现"学思行合一"。

其三，鼓励教师课程创新：为课程实施能力提高提供个性空间。为了促进教师课程实施能力提升，需要为教师提供宽松的环境、自由的时间、个性化的需求，使其不断实现课程创新和自我超越。课程创新的过程就是教师专业发展的过程，在课程创新中教师使用、调整、发展着个人的课程能力和职业素养。正如有学者指出："良好的课程发展历程，有助于教师的专业发展甚至自我创化；反过来说，有创意的教师比较可能提出有创意的课程。"要做到课程创新，教师需要几个方面的准备和努力：一是教师要逐渐形成个人的课程理想和理想课程；二是教师头脑中要储备丰富的课程理论和课程案例；三是教师要掌握课程创新的基本方法。虽然对课程的全面创新是一个较高的要求，但是对个人课程不断微调和完善却是教师经常做的，也是能够做到的。如何使教师课程创新合法化、常态化、科学化是学校课程管理者应该考虑的问题。

其四，促进教师课程反思：为课程实施能力持续发展注入主体动力。教师的课程反思是优化教师个人课程、提升教师课程实施能力的必要环节和有效途径。教师进行课程反思的对象包括国家课程、地方课程、校本课程和个人课程。其中，个人课程的反思应该成为教师反思的重点，这一反思过程也是促进国家课程、地方课程、校本课程个人化的过程。教师课程反思的内容包括课程理念、课程结构、课程内容和课程实施。其中，课程实施环节的反思应该成为反思内容的重点，它可以带入对课程理念、课程结构、课程内容的反思。课程反思是一个烦琐而辛苦的过程，其间需要教师大量时间和智慧的投入，同时，很多教师在课程反思过程中也会出现迷茫、无助的现象。课程反思能力提升是一个复杂的过程，在这个过程中首先应该唤起教师对课程现象、课程问题、课程规律的关注、关心和思考，鼓励从课程的视角分析和思考问题。一般而言，随着这种课程意识水平的提高，教师会不断自我评价个人课程实施能力的水平，查找个人课程实施能力的不足，并主动采取措施进行提升。

6.持续提升教师的课程领导力

课程领导是近年来课程领域内的一个热点话题。教师课程领导力是指教师在课程规划、资源建设、实施与评价等方面的规划力、整合力、开发力等。然而目前多数教师的课程领导意识还很薄弱，只把自己看作是课程执行者，而没有意识到自身的课程领导责任，只认为课程领导是校长或其他领导者的事情。为此开展从教育行政到全体教师的多元化课程领导力建设，切实转变传统的课程管理理念与行为方式，增强教师在实施新课程改革中的主动性是深化新课程教学的关键所在。课程实施的最终走向是形成有学校特色的课程文化。首先，课程本身就是一种文化，其背后蕴含着深厚的文化基础。其次，文化是一种软实力，它的实质是"化人"。学校课程建设的过程，需要我们以文化传承为基础，以文化创新为要求，立足课改，抓住现在，面向未来，通过构建课程文化，促进学校的内涵式发展。在这一过程中，教师只有成为课程的主人，主动参与课程领导，进入课程决策圈，才能更好地承担起"文化"的职责。因此，课程文化是教师课程领导力的重要追求；加强课程文化建设，有助于提升教师课程领导力。

其一，科学规划课程愿景，提升教师课程规划力。学校课程规划是对学校基本情况和办学理念的说明；对学校培养目标、课程设置及其结构、课程实施与评价等方面的整体性规定。要充分发挥教师在课程改革中的主观能动性，引导教师参与学校课程规划的制定，在学校课程整体框架的规划设计中培养教师的课程规划力。主要从以下几个方面进行。一是内化学校"三自教育"课程理念。多年来，我们秉承"以人为本，和谐发展"的办学理念，以"规规制以成事，明明德以立人"为管理理念，坚持"学生的成长和未来高于一切，为成功的人生作准备"的办学宗旨，将"三自教育"作为学校的教育文化，以"自主管理（发展人的主体性）、自我激励（开发人的主体性）、自我超越（发挥人的主体性）"为治校特色，以"为学立己，尽其在我"为校训，以"关注个体，崇尚自主"为校风，以"乐为人师，善为学导"为教风，以"笃学求真，修能致用"为学风，不断丰富校园文化内涵，形成全校师生共同的价值追求、价值理念及思维方式。这不仅是学校课程的核心主张，更是教师课程领导力的核心内涵，是教师专业发展的精神内驱和价值追求。二是明确"三自教育"文化课程目标。基于"三自教育"文化引领的核心价值观的形成，有利于充分发挥全体教师的主观能动性，形成共同的愿景，从而推动课程目标的实现。经过多次自下而上、自上而下的头脑风暴，我们把课程目标确立为：构建学校"三自教育"文化课程体系，提升教师课程领导力，让学生享受课程，让课程成就学生。而"三自教育"文化课程体系则主要包括"三自教育"文化理念下的国家课程校本化实施，以"三自教育"文化为主题的综合实践活动课程，以"三自教育"文化具体的艺术形式为载体的校本课程。以此满足不同学生全面和谐并富有个性特长发展的需求，提升教师的专业素养，凸显"三自教育"文化的特色品牌，增强学校的核心发展力。三是制定课程建设实施方案。引导教师分工合作，对学校中实施的全部课程，包括国家课程、地方课程和校本课程，制定出校本的、切实可行的课程建设方案，主要有《"三自教育"文化国家课程的校本化实施方案》《"三自教育"文化综合实践活动课程的校本化、特色化实施方案》《"三自教育"校本课程开发与实施方案》等。随后，学校教师全员参与，共同探讨，形成"三自教育"文化校本课程纲要系列，让其成为"三自教育"文化课程建设的指南。在此基础上，每位教师根据课程的实际情况，制定出学期实施方案，确保三级课程有计划、有步骤地校本化实施。这是教师课程规划力的体现。

其二，适度开发校本课程，提升教师课程开发力。在市教育局"从课程管理走向课程领导"理念的引领下，我们充分发挥社区和学校的课程资源优势，因地制宜地开发和利用各种课程资源。在对本土课程资源的广泛调查和可行性研究的基础上，我们开设了具有学校特色的校本课程。

其三，注重课程多元评价，提升教师课程评价力。课程评价是学校课程建设的有机组成部分，对学校课程发展起着导向和质量监控的作用，是达成有效教学的关键环节。校本课程评价的特点如下：一是校本课程评价是以学校为评价主体的自我评价。校本课程是学校独立实施的课程，学校是课程的编制者，负责课程的设计与实施，同时学校也是课程评价的组织者。课程评价是课程编制的最后一个环节，是完整的课程编制中一个不可分割的组成部分，因此在校本课程的开发与设计中，必须有配套的评价方案，否则就不是一门完整的校本课程。由于校本课程以学校自己为评价的主体，这就使得评价具有很大的自主性和灵活性，学校应充分发挥评价在课程中的核心地位，利用评价的导向作用，促进校本课程目标的真正实现。二是校本课程评价是一种多样性的评价。校本课程是一种多样化的课程，既可以是必修课，也可以是选修课；既可以是学科课程，也可以是活动课程。课程内容既可以和某一学科紧密相关，也可以和多门学科相互结合；既可以以学习知识为主，也可以以各种探索性、实践性活动为主。课程实施时间或空间都有很大的灵活性，可以在课堂教学，也可以在实验室、图书馆和校园的其他地方实施教学。有些学校的校本课程已经跨出了校园，以更大的社区和自然环境为课程的实施地点，在时间上既包括课内时间，也可以延续到节假日和星期天。这样一种多样化的课程决定了校本课程的评价没有一定的固定程式，因课程、因时间和地点的不同而体现不同的评价方式，只有灵活运用课程评价的理论和模式，才能适应校本课程这种多样化的特点。三是校本课程评价主要是一种形成性评价。校本课程是学校自己的课程，没有外部的评价要求，评价的结果不会影响学校的声誉和资源分配，因而是一种没有外部压力的评价。这就决定了学校进行校本课程评价的主要目的是进行课程的诊断，动力来自自身完善的需要，通过评价发现校本课程实施中的不足以及实施结果达成课程目标的偏离情况，为在新的一轮课程实施中的改革和完善提供依据，因而本质上这是一种形成性的评价。如果说校本课程评价有总结性功能的话，那也仅仅是限定在了学校内部，对校本课程不起决定性的作用。这样一种没有外部压力的评价，为充分发挥评价的形成性功能提供了十分有利的条件。四是校本课程评价是各类人员广泛参与的评价。校本课程是教师、学生充分参与的课程，在整个课程的编制中都有学校各方面人士的充分参与。由于校本课程在实施中是需要充分发挥教师的创造性和学生的主动性的课程，外部强化的评价往往会限制和影响主动性和创造性的发挥，校本课程评价的根本目的也是形成性的，因此校本评价应体现教师和学生广泛参与的特点，尽可能在一定指导下由教师和学生自主进行评价，这对于调动教师和学生的积极性，提高学生的兴趣，真正发挥评价的形成性诊断功能具有促进作用。

7.科学做好校本选修课

一是成立选课指导中心。选修课的开展与国家课程的实施是两条平行线，为了提高选修课实施的效果，我们专门成立了课程管理教研组来进行选修课的规划、选课指导工作及评价工作。

二是明确选修课的实施原则。全员性：每位教师都有一门选修课方案，学生必须选择一门选修课。自主性：通过海报、网络、视频等方式进行宣传，供学生自主选报、尊重学生的自主发展权。动态性：通过问卷调查、访谈等方式，监控选修课的实施情况，及时向学生和教师反馈，在动态中调整。

三是形成科学的选修课运转流程。第一步：学校层面制定学校课程开发规划。第二步：教师根据学校课程规划，学生的实际需要结合自己的爱好特长申报课题，并写出课程方案。第三步：学校课程管理教研组组织教师发展评价委员会对教师申报的课程进行审核、认定，认定通过的将纳入学校课程资源库。第四步：选课日，学生通过宣传海报、校内视频等方式了解每一门选修课的情况，结合自己的实际需要选报，每个学生可以选报2门，同意调剂。第五步：每周四下午3、4节课开展选修课。学生根据选修情况走班上课，学校课程管理教研组及教务处老师进行有效的监督、考评、核实学生的到位情况。第六步：通过问卷调查、访谈等方式，了解选修课的开展情况，在开课两周后，有一次集中的志愿调整，同时根据调查和访谈情况，及时调整选修课。第七步：选修课程实施结束以后，开课教师要根据实际的开课情况对自己的课程方案重新进行梳理、调整，使得课程方案趋于完善。

四是采取三个措施，调动教师积极性。第一，将是否开设选修课作为教师评价的重要指标。开设选修课反映了教师的课程开发和实施能力，在年终评优、晋级考核中将此作为重要的评价指标，同时学校从制度上要求每一位教师必须开发一门选修课。第二，将选修课计入工作量，提高教师对选修课的重视程度。第三，实行奖励制。对教师开发的并被纳入学校资源库的选修课程，学校颁发认定证书，给予相应的物质奖励。

8.校本课程实施中的学生管理

一是构建管理体系，实现全程管理、全员管理。校本课程的顺利实施，离不开完善的管理体系。为有效组织教学、保障课程实施的效果，学校构建了纵横交错的学生管理体系。校内形成纵向管理链条，实现课程实施的全程管理。在课程实施过程中，为确保每个学生都能参与其中、获得成长进步，学校成立了学生管理领导小组，形成了"学校—部门—班级—小组—个人"自上而下、齐抓共管的纵向学生管理体系，确保学生在课程实施过程中的每一个环节、每一个步骤都能得到指导、管理，做到全程管理、全员管理。课程从规划、开发、实施到评价的全过程由学校统筹安排，重点研制学生管理机制和系列规章制度。任课教师具体负责学生课程学习的指导和学习过程的管理，建立学分制评价体系。学生在教师指导下进行自主管理，明确任务，协调合作，共同完成学习任务。同时，进行小组间评价和组内评价。

二是完善小组建设，进行自我教育、自主管理。本着小组同质、组内异质的原则，将学生均等地分为若干个学习小组，每组6—8人；小组成员可根据需要进行多元化的角色、职责分工；小组内学生座次以优差生相间分布为宜。小组领导明确职责，小组长在小组管理中是非常重要的角色，他是小组的领导者，要注重小组长的培训，采用"组长沙龙"制度：每月定时召开组长交流会议，及时解决小组管理的疑难困惑，交流优秀做法，并对其中的"金点子"表彰奖励、加以推广。这样，每个组长甚至组员都能够行动起来，积极地为小组乃至班级管理出谋划策，密切了组长之间的交流学习，也真正实现了学生的自主管理。小组管理：实施"小组自我管理"模式。通过优化小组分工，使所有的学生都成为小组的直接管理者。根据课程需要，让不同的学生担任不同的角色，承担不同的责任。教育学生既要积极承担个人责任，又要相互支持，密切配合，发挥团队精神，有效完成小组任务；根据管理需要，设立各类组长，明确职责、分工到人。学生可以身兼数职，但至少担任一项，小组内部人人参与小组管理，小组成员的主人翁意识在无形中得到了很好的培养和锻炼，达成了"人人有事做，事事有人管"的小组管理目标。

三是创新评价模式，注重过程管理、动态管理。其一，记录学生的精彩瞬间。学校课程学分的认定赋予教师更多的权限，更加注重学生平时表现的过程评价。其中，课堂表现力的考察是学校加强过程性评价的创新举措，由任课教师在教学过程中根据学生参与讨论问题、回答问题的态度和水平对学生进行考查，并依据考察效果为学生认定等级。课堂表现力考察极大地调动了学生课堂学习的积极性，激发了学生思维的活力。其二，严肃学分的认定过程。校本课程对学生评价主要是发展性评价。一看学生在学习过程中的表现，如情感态度价值观、积极性、参与状况等，可分为"优秀、良好、合格、一般"等几级并记录在案，作为"优秀学生"评比条件。二看学生学习的成果展现，学习成果可通过实践操作、作品、竞赛、汇报演出等形式展示，成绩优秀者予以表彰并记入成长记录袋，记入学生成长报告册及其他相关档案内。待校本课程实施完成后，学分认定小组依据学生在校本课程中的表现、出勤情况、讨论和作业完成情况、小组评价、教师评价等方面，对学生的课程学分进行有效的认定，并记入学生学分认定档案（包括电子档案及纸质档案）。

# 第二节　特色课程体系构建

课程是学校文化的载体，没有文化引领，课程建设是盲目的，在构建适合学生发展的多元课程体系过程中，我们始终坚持以"三自教育"为核心理念的引领作用。我们在构建课程体系的过程中，强调"以学生为本"，认真调查学情，研究学情，尊重学情。教师依据课程标准，用"调、删、合"等方法，对教学内容加以整合，用"增、融、展"等方式，对教学内容进行拓展，初步构建起了"目标整体、结构多元、个性发展"的课程体系，育人效果初步显现，在一定程度上满足了社会对优质教育的渴望，以及学生对多样化、个性化教育的需求。

# 一、特色课程体系构建的依据

## （一）文件依据

2001 年教育部制定的《基础教育课程改革纲要（试行）》要求，整体设置九年一贯的义务教育课程。小学阶段以综合课程为主。初中阶段设置分科与综合相结合的课程，积极倡导各地选择综合课程。学校应努力创造条件开设选修课程。

纲要明确要求必须"体现课程结构的均衡性、综合性和选择性"。均衡性、综合性和选择性既是本次课程结构调整的三条基本原则，又是新课程结构区别于现行课程结构的三个基本特征。可以说，均衡性、综合性和选择性是我们全面领会和理解新课程结构的三把钥匙。

课程结构的均衡性是指学校课程体系中的各种课程类型、具体科目和课程内容能够保持一种恰当、合理的比例。根据新课程的培养目标，新课程结构包容了各种类型的课程和多种与现实社会生活以及学生的自身生活密切相关的科目，同时通过课时比例调整，保持适当的比重关系。在实践层面上，首先要承认每门课程的独特性和独特价值，它们在实现新课程的培养目标上都能做出自己的贡献；其次要承认每门课程的特殊性和局限性，没有一门课程能够实现所有的课程目标；最后要承认各门课程在教学任务上有轻重之分，要区别对待。

课程结构的综合性是针对过分强调学生本位、科目过多和缺乏融合的现状提出的。它体现在三个方面，一是加强学科的综合性，二是设置综合课程，三是增设综合实践活动课程。

课程结构的选择性是针对地方、学校与学生的差异而提出的，它要求学校以充分的灵活性适应于地方社会发展的现实需要，以显著的特色适应于学校的办学宗旨和方向，以选择性适应于学生的个性发展。

为此，新课程具有国家课程、地方课程和学校课程三级课程并行的层次结构，强调学校课程的多样化，从而体现学校特色，强调国家课程的变通性和灵活选择性，还强调学校要增加选修课程的比重。

## （二）理论依据

### 1.人本主义学习理论

人本主义心理学是20世纪五六十年代在美国兴起的一种心理学思潮，其主要代表人物是马斯洛（A. Maslow）和罗杰斯（C. R. Rogers）。由于人本主义心理学的影响和管理方式的转变，以人为本的思想是人文精神的最高境界。人本主义学习理论认为，人类具有学习的自然倾向或内在潜能，学习是一种自发性极强的、有目的、有选择的过程。人本主义学习理论充分肯定人的尊严和价值，积极倡导人的潜能的开发，注重人的自我实现。

人本主义学习理论强调无条件的尊重和自尊，如果自我正常发展的条件得以满足，那么个体就能依据真实的自我而行动，就能真正实现自我的潜能，成为自我实现者或称功能完善者、心理健康者。

人本主义心理学家认为，自我实现者能以开放的态度对待经验，他的自我概念与整个经验结构是和谐一致的，能体验到一种无条件的自尊，并能与他人和谐相处。人本主义学习理论还强调人的自我表现、情感与主体性接纳，认为教育的目标是要培养健全的人格，必须创造出一个积极的成长环境。

人本主义主张研究应该以人为本，强调人的尊严和价值；主张研究要关注每一个人，强调个体的个别差异，重视研究特定个体的心理特点；主张研究方法要与研究对象相适应。

人本主义教学思想不仅关注教学中认知的发展，更关注教学中学生情感、兴趣、动机的发展规律。注重对学生内在心理世界的了解，以顺应学生的兴趣、需要、经验以及个性差异，达到开发学生的潜能、激发其认知与情感的作用，重视能力、认知、动机、情感等心理方面对行为的制约作用。

2. 多元智能理论

多元智能理论是美国哈佛大学教育研究院的心理发展学家加德纳（Howard Gardner）在1983年提出的。

多元智能理论认为每个人都具有语言智能、逻辑-数理智能、空间智能、身体-运动智能、音乐智能、人际关系智能、自我认识智能、自然观察智能、存在智能，各种智能又各自包含多种构成要素。学校教育的宗旨应该是开发多种智能并帮助学生发现适合其智能特点的职业和业余爱好。

多元智能理论告诉我们，每个人的智能结构是不同的，表现为每个人的智能强项和弱项各不相同，从而表现出个体智能差异，也就是说，每个人都有发展的潜能（可发展性），但每个人潜能大小表现在不同方面。这些潜能只有在适当的情境中才能充分地发掘出来；每一种智能都有独特的发展顺序，在人生的不同阶段萌芽、开花。

多元智能理论给我们的启示：每个人都具有可发展性，每个人的智能发展速度和方向是具有个体差异性的，理想的教育是创造适合每个学生个性发展的条件，使其独特的可发展性得到充分发展，而不是用一把尺子来要求所有的学生。

3. 建构主义学习理论

建构主义学习理论是一种与传统的客观主义不同的学习理论，是在吸收维果斯基、皮亚杰、布鲁纳等思想的基础上提出的富有创见的教学思想。它认为，学习是一个积极主动的建构过程；知识是个人经验的合理化，而不是说明世界的真理；知识的建构并不是任意的和随心所欲的；学习者的建构是多元化的。

建构主义理论认为，知识并不是对现实世界的绝对正确的表征，不是在各种情境中都能使用的教条，它们处于不断发展之中，在不同的情境中，需要被重新建构；学习者是主要的建构者，而不是事实信息的记录者，他们在以往的生活、学习和交往中逐步形成了自己对各种现象的理解和看法，是自己独特知识结构的创造者，并具有利用现有知识经验进行推论的智力潜能；知识的学习是一种真实生活的应用，有意义的学习是反省的自我调整的；学习的本质是社会及特定情境的，教师是学习者与知识之间的中介，也是学生理解的个人意义与社会上以文化建立起来的意义之间的中介。

建构主义认为，学生学习是一个积极主动的自我建构过程。学习者不是被动地接受外在信息，而是根据先前认知结构主动地和有选择地知觉外在信息，建构当前事物的意义。建构主义学习理论非常重视学生已有的知识和经验背景，认为学习是学习者在原有知识经验的基础上，主动建构内部心理表征及新知识意义的过程。建构主义学习理论主张以学习者为中心来组织学习，强调要以学生为中心，注重发挥主体作用，注重情境的作用，注重协作学习。

## 二、特色课程体系的设计理念

一般来说，学校特色课程体系设计包括以科目、学习者、问题解决为中心三个设计理念。

1. 以科目为中心的课程设计

这种课程设计的共同点在于把内容当作课程的横向、纵向结构的基础，科目设计强调把课程组织成为许许多多的科目，每一个科目有意识地阐述专门的、同质的知识体系。科目可以是研究方面的分工，如物理、化学、历史、文学、哲学等。此外，还包含一些实践性领域。这种设计优势在于它是使学生熟知文化遗产要素的最系统、最有效的组织形式，通过学习有组织的题材体系，学生就能有效而经济地构建自己的知识体系。为达到科目设计的作用，科目的内在逻辑必须符合学生学习科目时的心理，在生活情境中能够使用。这种设计的不足之处在于可能割裂知识，从而割裂了学生的理解力，脱离现实世界，没有恰当考虑学生的需要、兴趣和经验，学和用无关，等等。

2.以学习者为中心的课程设计

这种课程设计强调学生个性发展，强调课程组织形式要源于学生的需要、兴趣和目的。这种设计的典型例证就是活动-经验设计，其主要特征如下。

一是课程结构由学生的需要和兴趣来决定。教师实施活动-经验设计的重要任务是发现学生的兴趣是什么，帮助学生为学习而选择最重要的兴趣。这样，课程就不以学科中心设计的方式来预先计划，只有当教师和学生共同确立追求的目标、规定查阅的资料、计划实施的活动，以及安排从事的评定程序等，这时课程结构才会形成。这种合作计划是活动-经验设计的核心。

二是重在问题解决。学生在追求兴趣的过程中，会碰到某些必须加以克服的困难，这些困难构成真正的、学生渴望挑战的问题。在攻克这些难题，寻找解决它们的办法时，学生实现了这一课程的主要价值：真实性、意义性、直接性、主动性，以及活动与经验的相关性。

这种设计充分考虑学生的学习需要和兴趣，但是以学生兴趣为基础的课程，不可能为生活做充分的准备，课程缺乏连续性。

3.以问题解决为中心的课程设计

与学习者中心的设计理念相比，问题解决中心的设计更强调集体的作用，强调在问题解决的过程中学会合作、学会解决问题，目标指向是问题的解决。

## 三、特色课程体系构建的内容

### 1.二度开发类课程

在国家课程、地方课程基础上，结合课程标准在课程深度、广度和整合度上进行二度开发，从而使课程得以拓展、延伸、整合，发展成为具有自己学校特色的课程体系，实现课程功能的最大化。每所学校的学生学习现状不同，各学校要合理整合现有教材，对学科课程目标进行适当分解，增强课程的适应性，提高课程的有效性，实现国家课程的校本化。譬如，阅读能力和写作能力的培养是语文教学中的两大任务，学校语文组根据课程标准中初中阅读篇目、阅读能力的要求，结合学校和学生实际情况开发了"个性化阅读"和"初中作文序列化训练"两门课程，间周一次阅读课和作文课，每次都是两节连排。在英语教学中，把英语教学与学校文化有机结合，以英汉结合的形式介绍学校文化和学生一日常规。同时，学校开发了与英语有关的学科拓展课程，比如英语剧社、国外名剧赏析课等。在数学教学中，挖掘生活中的数学，开发"游戏中的数学"课程；在物理教学中开发"生活中的趣味物理"课程；在地理教学中，为了加强学生的识图绘图能力，开发"巧手绘山河"课程；在生物教学中，为了加强学生的观察能力，开发"生命的色彩"课程。国家课程校本化就在于提高课程的适应性，促进学生的个性成长；提升教师的课程意识，促进教师的专业发展；实现学校的课程创新，促进学校特色的形成，让课程满足师生的实际需要，促进每一位学生的发展。

### 2.衍生类课程

衍生类课程是指由国家课程衍生出的相关课程。例如：在现有学科课程基础上，依据学生兴趣爱好，开发出的文字类研究课程、历史类研究课程、自然科学类研究课程、环境保护类研究课程、生活中的数学建模研究课程等。这些课程的开发，伴随着学生学科课程进程，依据学生不同研究方向，在原有学科课程基础上，拓展课程研究领域和视野，融合研究性学习特点，组成不同研究性学习组织，在老师指导下，在一定研究方向上进行衍生性的研究性学习。

**3.活动类课程**

以学校活动、社会实践活动为主题的各类活动性课程。例如，社会调查活动、学校大型活动、节日活动、学生社团活动等。这类课程和原有的一般性活动最大的不同点在于，从课程的角度对活动过程做出系统的规划，活动的主体和策划人是师生，教师是活动过程的参谋，起引导和辅助作用，活动具有很强的自主性和课程性。

**4.心理健康和人生规划类课程**

围绕学生自我认识、自我心理调适、耐挫折能力培养、意志品质磨炼、人生目标建立等与学生生命成长相关的内容开发的一类心理健康教育和帮助学生进行人生规划的课程。

**5.传统文化类课程**

以我国传统文化和乡土文化为基因开发传统文化类课程。其中乡土文化主要借助当地历史名人、遗址、风俗等进行课程开发，使学生了解当地文化。

**6.技能类课程**

围绕学生兴趣爱好开发二胡、足球、摄影、绘画、书法等类型的课程，旨在培养学生广泛的兴趣爱好，为不同潜能和特质的学生提供发展的空间。

**7.班级特色课程**

班级特色课程的开发包括班级活动的组织、班会、班级自主管理、班级精神培育，乃至班本课程、组本课程、生本课程。班级特色课程开发旨在转变班级管理和运行模式，从课程角度建设学习型合作共同体，在班本课程下派生组本课程、生本课程，通过班本课程开发形成班级特色。

## 四、特色课程体系构建的保障措施

### （一）组织保障

1. 学校设立特色课程建设委员会，下设办公室（教育科研处）

特色课程建设委员会主任主要负责全校特色课程开发的领导与管理工作，负责协调各年级与各学科、教育科研工作与其他部门工作之间的关系，负责提供课程建设条件（管理保障、物质保障、信息保障、时间保障、经费保障）。

特色课程建设委员会执行主任执行特色课程开发的决定，执行组长有关特色课程开发工作的指示；负责具体落实；主管教育科研处工作，负责组织专项督导、专题培训、各种学习交流等活动。

特色课程建设委员会执行副主任负责各年级特色课程开发工作的领导与管理；完成课程建设委员会安排的有关工作；协助教育科研处履行其管理职责。

特色课程建设办公室主任具体负责特色课程建设日常工作，负责特色课程建设办公室工作，负责课程建设日常管理和档案管理，负责心理健康教育类特色课程开发研究工作。

特色课程建设委员会委员：参加特色课程开发研究的全体教师、教育科研处全体工作人员。

2. 成立专家组

按特色课程类型分别成立专家组，为课程建设提供培训、指导，确保特色课程具有一定的学术价值和实际应用价值。

## （二）管理保障

制定并实施《特色课程开发评审标准》和《特色课程实施标准》，经教科委组织的专家组评审后再实施以及作好实施过程中的评价等。

建立特色课程开发实践研究督导机制，跟踪实施过程，提供必要的指导，帮助解决特色课程开发和实施过程中遇到的各种问题。

实行责任承诺制度，各管理人员承诺保证按计划完成特色课程开发、实施工作，保证过程资料的真实性，保证研究成果质量。

制定《特色课程评价办法》，发挥评价的导向功能、诊断功能和发展功能，确保特色课程建设高质量完成。

实行奖励制度，对各类研究成果均进行奖励，把教师参与特色课程建设研究情况与评优、晋级挂钩。

## （三）经费保障

学校对特色课程建设所需的经费优先支出，保障特色课程建设的顺利开展。

## （四）资源保障

### 1.人力资源

调集理论水平高、实践经验丰富的教师作为特色课程建设研究的骨干力量，承担研究的重要任务，发挥带头作用和指导作用；在特色课程开发研究的过程中提高全体教师的科研素养和科研能力，培养一批新的骨干力量；聘请校外专家来校进行研究指导；注重开发和利用学生及学生家长资源。

## 2.信息资源

成立人力与信息资源办公室，完善校园网络系统，开设特色课程开发研究论坛、教育研究动态、科研论文发表园地等栏目，充分利用网络资源丰富而快捷的优势，编辑发行校报、教研信息等，为教师提供学习交流平台。

## 3.物质资源

购置一批与特色课程相关的图书，增订与特色课程相关的报刊；增添实验仪器、体育器材、乐器、美术用品等；开发利用校内外活动场所，保障特色课程实施空间。

此外，还可以争取其他学术团体的大力支持，争取省、市、县教科研部门的大力支持，争取兄弟学校的大力支持。

# 第三节　校本课程评价方案

为保证校本课程实施的有效性，使学校课程建设走上健康发展的轨道，促进学校特色化发展，制定校本课程评价方案。

## 一、校本课程的评价原则

### （一）科学性原则

对校本课程的评价要运用科学的评价方法，提高评价的效度和信度。

## （二）可操作性原则

评价方法要简单可行，可操作性强。

## （三）参与性原则

对学生的评价要注重校本课程的参与情况，作为学生评价的重要依据。

## （四）全面性原则

对教师的评价既要考虑到教师课程目标的实施情况、学生能力的提高水平，又要考虑到教材的编写质量，还要考虑因人而异、允许差异存在的原则。学生起点不一，不能要求每个学生都达到一个相对较高的标准，只要进步了就应予以肯定。因此，评价时应从个体认知、情感等多方面着眼。

## （五）多主体原则

多主体参与评价，可以让学生自己、家长、老师、学校领导者都参与评价。

## （六）过程性原则

强调评价的主要着眼点应在学习过程而非结果上，重视学生的学习过程，评价的主要依据是看学生在整个学习过程中的表现和态度的变化。

## （七）激励性原则

众所周知，教师的激励对学生学习积极性的培养有很大的作用，还能够激发学生的学习兴趣，教师应充分肯定每个参与者的积极性和不同程度的进步，以表扬激励为主，从而增强学生的学习自信心。

## 二、校本课程的评价内容

### （一）对学校课程方案的评价

经过一个学期或一个学年的实施，校本课程从理想课程发展至正式课程，最后成为学生经验的课程后，学校课程委员会必须对校本课程规划方案进行评价。学校课程委员会以此来调整校本课程开发的目标和课程设置。

### （二）对教师的评价

学校课程开发领导小组通过对教师课程开发及课程开设情况的评价达成对教师的评价，进而实现对课程开发与实施全程质量管理和质量保障。评价内容包括以下几点。

1.课程纲要与课程目标的评价

这部分内容包括课程设计的意义，开设课程的必要性和现实可能性，通过该课程希望达到什么样的目标，这些目标与学校培养目标的一致程度，课程目标实现的基础，课程纲要的科学性、实用性、时代性等。

2.课程准备与投入的评价

判断教师开设课程的准备程度，包括教师个人的知识储备、教学资料的准备、教学组织与教学安排、实验参观调查等，以课程纲要、教学设计、讲义等为主要信息。

3.课程实施过程的评价

对课堂教学过程的评价，侧重了解教师的教学态度、教学方法、教学水平。收集信息的手段是学校组织同行专家听课，对学生进行随堂问卷调查等。在课程评价方案的形成过程中，调查教师的课堂教学评价意见，让每一位教师写出自己认可的所教学科的评价方案等，然后再集中讨论，从而形成相对完善的校本课程总体评价方案。

4.课程实施效果的评价

重点了解课程实施以后是否达到了原来设计的教育目标，还存在哪些偏差，下一轮应当如何改革等，收集信息的主要途径是对学生进行问卷调查，征询专家、同行教师、教学管理部门的意见等。

（三）对学生的评价

校本课程实行学分制管理，对每学期每门课程进行等级评价，教师、学生、学校、家长根据学生学习情况进行评价，评价结果记入学生成长档案。评价内容包括以下几点。

1.出勤

教师对学生作考勤评价记录，全勤为优秀，出勤率90%为合格。

2.学习态度和表现

可分为"优秀""良好""一般""差"，记入学生成长档案。

3.学习成果

学习成果通过实践操作、作品、竞赛、汇报演出等形式展示，作品和成绩记入学生成长档案。

## 三、校本课程的评价对象

### （一）获取评价信息

学校课程委员会可以通过与教师和学生座谈、问卷调查来获取评价信息。一般来说，可以就以下几方面与教师进行个别座谈或者通过问卷调查来获取评价信息。

①在这个学期的校本课程开发过程中，你有哪些收获？

②你认为我们学校的校本课程还需作怎样的调整？

③你认为学校开设的哪几门校本课程是不合适的？

④你认为学校还可以为学生开设哪些课程？

⑤你认为学校还应该为教师开发校本课程提供哪些支持性条件？

⑥你可以为学校今后编制校本课程规划方案提供哪些建议？

### （二）对课程纲要的评价

对课程纲要的评价主要包括以下四个方面：课程目标或意图陈述、课程内容或活动安排、课程实施建议以及课程评价建议等。可以设计评价表进行评价（见表4-1）。

表4-1　课程纲要评价表

课程名称：_____　　评价时间：____年____月____日

| 评价项目 | 评价要求 | 总分 | 评价分数 |
|---|---|---|---|
| 课程开发目的、意义20% | 与国家课程、地方课程的联系密切 | 3 | |
| | 对学生各方面素质提高的意义 | 7 | |
| | 课程宗旨的体现 | 5 | |
| | 对学生技能培养和创新意识培养的意义 | 5 | |
| 课程目标的确立20% | 目标明确、清晰 | 7 | |
| | 包括知识目标、能力目标和情感目标 | 6 | |
| | 考虑到学力分层的因素,贯彻因材施教的原则 | 7 | |
| 课程内容40% | 内容组织得好,层次分明,教材框架清晰 | 10 | |
| | 内容科学、启发性强,突出能力培养 | 15 | |
| | 内容新科技、新观点、新教学思想含量大 | 15 | |
| 课程评价20% | 评价可操作性强、方法科学、具有激励和制约作用 | 20 | |
| 总评 | | | |

## （三）对教师校本课程教学的评价

对教师校本课程教学的评价，主体应是学生。学校课程委员会可以设计一些简单的校本课程实施评价表让学生填写，为教师改进工作提供参考，也为学校评价教师的教学工作提供一些有价值的信息。

# 第四节  校本课程开发指南

## 一、校本课程的内涵

校本课程是由学校自主管理、开发和实施的课程，是学校在保证国家课程和地方课程的基本质量的前提下，根据国家的教育方针、课程管理政策和课程计划，以学校为基地，以满足学生需要和体现学校办学理念与特色为目的，通过对本校学生的需求进行科学评估，充分利用当地社区资源和学校课程资源，采取民主原则和开放手段，由教师按一定课程编制程序而开发的多样性的、可供学生选择的课程。它是学校课程的重要组成部分。

## 二、开发方式

校本课程的开发是以学校为基地、学校自主决定、教师及有关人员广泛参与、在专家和教学管理人员指导下合作探索、共享开发成果的一种应用性课程研究活动。

1.整合国家课程

国家课程体现的是国家意志。新课程实施以来，整合国家课程已经成为一种必然的趋势。对国家课程的整合主要有以下四种方式。

一是增补。所谓增补，就是要针对新课标的要求增加补充有效的教学内容。国家课程是实现新课程的重要载体，所以对国家课程的优化改进是课程建设的重要命题。把国家课程校本化，让它更好地服务于学生，就需要以教材为载体，按照学校课程文化建设的整体设计思路，对照国家课程标准，对学科内容进行适当的增补。

二是删减。在对国家课程的处理上，通常做法是删减，之所以删减，是因为在国家课程实施中更多偏向于降低难度。

在新一轮的课程改革中，基于对过去教育状况的反思，在课程容量控制上，大部分学科教材进一步精选了内容。但在实践操作中，仍有少数内容与学生实际能力不符。针对这些难点，学科教研组进行了详细的难度分析，利用"搭桥过渡"等方式降低学生的学习难度，减轻学生的学习压力。

删减方式有两种：一种是做好知识衔接，减缓知识坡度；另一种是改作选学内容，减轻学生负担。

三是合并。所谓合并，是指同学科相关内容的组合。这是提高学校课程建设质量的途径之一。

学校作为落实课程的重要组织，不能只依照教材编排和上级安排实施课程，更应该结合现有的教材和学生实际，对照课程目标进行内容的合并，从而进行有效的改进和创造。

四是调序。所谓调序，就是调整顺序。在教学实践中，老师们要以学科思想为引领，结合学生的实际能力，调整知识的前后顺序。

课程实施的过程实质上是缩小现有课程的实际做法与课程设计者意图之间的差距的过程。泰勒在《课程与教学的基本原理》中曾说：要注意课程横向与纵向关系，使课程设计者与教师学生获得一种统一的观点，并把各自的行为与所教学的内容统一起来。因此，学校实施课程的过程，就是调动教师参与课程二次设计的过程。

对课程内容进行调序是教师参与设计课程的过程。课程作为实现学生发展的载体，如果让实施者尤其是学校的校长和教师清楚地了解课程计划的意图和课程目标，并参与课程设计的部分工作，共同讨论达到课程目标的各种手段，那么新课程实施起来遇到的阻力会小很多。由此可见，教师既是课程的实施者，也是课程的设计者。这与教师要有课程观的理念是相吻合的。

2.活化地方课程

地方课程既是国家课程的有机补充，又是学校课程的重要依据，具有自身突出的特征。正因如此，地方课程显示出了更多的生机和活力，拥有"灵动"的空间，要结合学校实际将其活化。

一是重组。重组的目的就是让地方课程变得灵动，实现效益最大化。那么，何谓灵动？《辞海》云："灵动"即"灵活"，意为"敏捷、不呆板；善于应变、不拘泥"。体现在地方课程上，就是将课程内容进行重新组合，紧贴地方课程特点，既让学生能了解掌握更多的知识，又能为知识向生活的延伸做充分补充与衔接。

初中阶段的地方课程有三门，分别是安全教育、环境教育和传统文化教育。这几门课程中的很多内容是重复的，有些内容之间也有必然的内在联系。所以，可以把这几门地方课程目标有机结合，重新组合教学内容，以主题活动的方式进行教学，不再重复进行，这样既能提高教学效率，又能体现学校教育目标的一致性。

二是分解。所谓"分解"，是指将地方课程与其他课程重合的内容分离出来，进行上移和下移。上移指的是把地方课程内容与国家课程内容结合起来，合并到国家课程内容当中去；下移指的是地方课程内容与校本课程结合，增强课程的地方性。

对于学校来说，教学时间是有限的。地方课程与国家课程许多内容存在重合，这就为实现课程的上移提供了可能。

对于上移，可以这样整合：国家课程教材不动，整合交叉内容后，将地方课程内容上移，补充国家课程实施中的内容。可以将地方课程"安全教育""环境教育""传统文化教育"的内容补充到国家课程中，这样既能提高国家课程的实施质量，又能确保地方课程的有效落实。

下移是将地方课程的内容通过校本课程展示，更好地落实地方课程内容，丰富地方课程的内涵。

**3.开发校本必修课程**

校本必修课程是学校课程的重要组成部分，是落实学校办学目标，体现学校文化的主要组成部分。因此，学校要根据学生的成长需求，以教师为主体，积极开发适合学生的优质课程。

一是创编。课程创编是指学校依据现有的材料，根据学习需要选择内容，重新编写课程单元。创编校本必修课程可以围绕以下几个课程板块：德育类课程、学科类课程、益智类课程和社会技能类课程。

二是拓展。校本课程的拓展，主要是指教师依据学科内容进行的扩展补充，以开阔学生视野、增强学生能力。拓展课程既要有一定的广度，更要有必要的深度。在拓展知识方面，重点体现以下三个方面：学科知识的拓展，学习方式的拓展，学科能力的拓展。

值得注意的是，拓展类课程中的综合实践活动，与国家必修课程综合实践活动有所不同。教师开发的这类课程，主要内容与学科知识结合很紧密，围绕学科的某些重、难点来设计，通过综合实践方式达到学习目的。而国家课程的综合实践活动的主要内容是信息技术教育、研究性学习、社区服务和社会实践以及劳动与技术教育，课时计划中有专门的时间实施。这一点需要加以区别。

三是转化。即把学校进行的一些活动，如升旗、英语节、读书节、科技节、运动会、艺术节等转变成有目的、有内容、有组织形式、有收获、有评价等的课程形式。

活动类课程有以下类型：①常规教育活动课程，如升旗活动、课间活动等；②节日活动课程，如清明节、劳动节、端午节、中秋节、重阳节、国庆节、春节、元宵节等；③特色活动课程，如"感动学校颁奖活动""创新大赛活动"等。这些活动，都以课程的方式把教育目标与过程体验紧密联系在一起，成为学生成长过程中必不可少的养分。

在这里要特别注意"活动"与"活动课程"的区别。学校活动包括班集体活动、校传统活动、学生间的交往活动、学生个人或群体的心理健康活动等，要想把这些"活动"变为学校的"活动课程"必须符合下列要求：①要有活动计划（计划的依据、条件、补充、拓展，要文本化）；②要有活动目标（明确的目标，可预期结果）；③要有活动内容（具体的学习内容或活动内容）；④要有活动组织（谁来牵头做这件事，哪些孩子参与这件事）；⑤要有活动指导（学生的活动有问题时要有指导老师进行指导，社团活动学生自己组织但要有相应的老师进行指导，老师未必全程参与）；⑥要有活动课时（有课时作保证，不是都放在课外，都在业余时间）；⑦要有活动规模（对所有的学生都是有效的，可以在不同的教室、不同的活动场所，如果科技节、体育节、文艺节等参加的是极少数的学生，不是所有学生，那就不能定为活动课程）。

四是生发。所谓生发，就是在原有基础上产生新的。具体到校本课程建设而言，指的是基于学校文化产生的班本课程，班本课程是以满足班级学生发展和提升班级管理、打造班级文化为宗旨，由班级教师和学生共同开发实施的课程。

①班本课程的建设依据以下三点：班级的现状和学生的特点，教师自身特点和个人教育风格，学校的办学思想。

②班本课程的设置。班本课程可以使班主任的教育工作有序进行而非随意而为，是有目的、有计划实施而非被动接受。在制定班本课程计划，确定课程内容时，要对学生进行调查，了解学生的兴趣和需求，了解学生的专长，充分征求学生的意见。班本课程可以分为以下系列。

班级文化系列，如健全班级组织、制定班级管理制度、确立班风班训和奋斗目标、布置文化宣传栏等。

励志教育系列，如每天早上开展5分钟"精神早餐"活动，晚上进行5分钟学习小结，看励志电影，举行班级宣誓和自我精神对话等。

学习方法系列，如学习策略制定、学习方法介绍、学习经验交流等。

百科知识系列，如介绍世界最新科学发现、理化生相关的知识、安全卫生知识等。

班本课程多为"微课程"，每次5—10分钟，是学校课程中的"轻骑兵"。

③班本课程的实施。国家课程、地方课程和校本课程占据了绝大部分时间，确保班本课程实施，班主任要用好三段时间：班会课，双休日，边角时间（如课间、早读前、放学后等）。班本课程实施有主题班会、主题活动、微型活动、教室文化等四种主要形式。

④班本课程的评价。班本课程的评价以定性评价为主，定量评价为辅。评价内容为班风、班貌、良好习惯养成、学习态度、学习成绩、综合素养等，由学校、教师、学生和家长等四方进行评价。

学校评价主要是学校对班级纪律、卫生、学习、活动等方面的检查，通过根据检查量化结果而评出的先进班、文明班来衡量。教师评价主要是班主任和任课教师的评价，是最重要的评价，他们有切身感受，采用写评语形式进行评价。学生评价主要是学生对班级进行自我评价，采用填评价表的形式进行。家长评价主要是采用问卷调查表的形式征求家长意见。班主任及班委会对评价结果进行梳理分析，肯定成绩，找出问题和不足，以便进一步改进班本课程的实施。

## 三、开发方向

校本课程本身没有固定的体系化的内容，具有开放性的特点。学生需求是选择校本课程内容必不可少的依据或标准。具体而言，校本课程内容的设计要立足并反映以下三条线索：学生与自然的关系，学生与社会的关系，学生与自我的关系。在校本课程的开发、实施过程中，可根据学生的年龄特征，将学习内容逐步综合、深化和拓展。

## （一）学生与自然

"学生与自然"这一领域的内容主要是指与学生生活的社区直接相关的自然现象或问题。这一领域内容十分广泛，主要涉及与学生所生活的环境相关的自然事物或现象。该领域的核心是学生所生活的自然环境，如水资源状况，土壤资源状况，空气状况，植被与绿化问题，垃圾污染、光污染、噪声污染与处理问题，动物保护问题。

## （二）学生与社会

"学生与社会"这一领域涉及学生所在的社区的历史变迁，科学、技术与社会进步发展的关系，社区或地方人口状况，民族历史与发展问题，人口老龄化与养老问题，住房问题，旅游资源与旅游业发展问题，学习与就业等。

## （三）学生与自我

"学生与自我"这一领域的内容是学生在家庭生活、社会生活和学习生活中，亲身感受到的问题。可围绕下列问题来确定校本课程的主要内容：中小学生学习习惯，中小学生的饮食与营养问题，中小学生成长环境与安全问题，中小学生的服饰与审美问题，中小学生追星现象，中小学生心目中的教师，中小学生心目中的家长，中小学生的理想，中小学生的休闲生活，中小学生的消费观念与行为等。

## 四、《校本课程纲要》的设计

设计《校本课程纲要》是教师开发校本课程的主要方面，是校本课程实施和评价的主要依据。一般情况下，由教师设计的《校本课程纲要》通过学校校本课程委员会初审后，就可以列入校本课程选修目录单中，供学生选择。

### （一）《校本课程纲要》的主要内容

《校本课程纲要》一般应包括一般项目和具体内容两大部分。一般项目由主讲教师、教学材料、课程类型、授课时间、授课对象等构成。具体内容由以下四个方面组成。第一，课程目标或意图陈述：要求写4—6点；必须全面、适当、清晰；涉及学习者的需要、当代社会生活的需求和科学的发展。第二，课程内容或活动安排：要求重点明确，按由易到难排序；涉及选择什么样的内容与怎样组织这些内容，或安排什么样的活动；要处理好均衡与连续的关系。第三，课程实施建议：确定实施校本课程的方法、组织形式、课时安排、场地、设备、班级规模等。第四，课程评价建议：主要是对学生成就的评定，涉及评定方式、评定的主题等。

### （二）《校本课程纲要》的基本模式

1. 一般项目
（1）主讲教师
（2）教学教材（改编、创制、筛选）
（3）课程类型（限选或任选）

（4）授课时间

（5）授课对象

2.具体内容

①课程目标或意图陈述。必须全面、适当、清晰，指向目标的三大领域（认识、能力、情感）与学习水平。

②课程内容或活动安排要求重点明确，从易到难。

③课程实施建议。包括方法组织形式、课时安排（具体时间）、场地、设备、班级规模。

④课程评价建议。指明评价方式、建议采用多元评价（定性、定量或两者相结合）。另外，《校本课程纲要》分为简单和详细两种。简单的《校本课程纲要》包括课程目标、课程内容、课程实施建议、课程评价建议几方面。详细的《校本课程纲要》还包括每一课时的教案，一般由教学内容、教学目标、教学准备、教学过程、教师反思等几方面构成。

# 第五章  校园环境情义文化建设

## 第一节  校园环境

### 一、校园环境的含义

校园环境指的是校园的物质环境和精神环境，是学校教育中不可缺少的因素之一，对学生整体素质的提高有着特殊的作用。人创造环境，同样环境也创造人。人类的发展历史，就是不断适应环境、改变环境、创造环境的历史。教育学家认为，影响人身心发展的因素有三，即遗传、教育和环境。校园环境作为一种特殊的教育载体，其教育功能的表现形式也有非常显著的特点。

《中国教育改革和发展纲要》中指出："建设健康的、生动的校园文化，树立良好的校风、学风，使学校成为建设社会主义精神文明的重要阵地。"校园文化是学校所具有的特定的文化氛围。它包括校园建筑设计、校园景观等物质形态的内容，也包括学校的校风、学风、人际关系等。由此可见，校园环境建设是校园文化建设的重要基础。校园环境建设必须结合校园文化建设，如此才能达到环境育人、提高学生综合素质的目标。

## 二、校园环境的特点

### （一）弥散性

校园环境往往通过广泛而持久的渗透作用，对学生产生一种潜移默化的影响，从而感染、启迪学生的心灵，促进学生建立崇高的理想和高尚的审美情趣。因此，校园环境具有弥散性的特点，它可以存在于任何时间和空间，使人全方位地产生由内而外的变化。

### （二）多元性

校园环境对学生的教育作用是多种层次、多种形式的，它往往从各个角度随时随地释放着教育的能量。从校园设计到校园建筑，从校园绿化到卫生管理……都可以对学生产生教育意义。除物质环境以外，人文环境也有巨大的教育作用。例如，良好的教风、团结向上的校风，将在学生心中产生一种情感的内化力，从而使他们积极追求崇高的境界，树立为理想而奋斗的信心。

### （三）潜隐性

校园环境对学生的教育大多是抽象的，因此它的教育效果的显现也相对较慢。校园环境不可能像课程教学那样具有立竿见影的直接教育功效。它主要是通过美好的形象的呈现，对学生的感官进行持久的反复的刺激，使学生的情感受到潜移默化的陶冶。在日积月累中，学生的心灵实现了从量变到质变的飞跃。

### （四）间接性

校园环境对受教育者的教育作用是间接的，它要通过学生个体的精神体验来加以实现。因此要使校园环境的教育作用真正落实，还必须依赖于学生主观上的努力。

## 三、校园环境的作用

校园环境具有育人功能。所谓校园环境的育人功能，是指客观存在着的具有审美价值的客体对象（校园环境），通过在人们头脑中能动的反映，进而产生美的感受，通过美的熏陶，使学生知美、懂美、爱美、创造美，美化学生的心灵，陶冶学生的情操。

### （一）健康情感的熏陶和培养

环境作为一种外部的刺激，通过情境氛围使人产生动作和心理活动。良好的环境能使人心情舒畅、精神饱满，并增强视觉、听觉和思维的灵敏性。校园环境对学生心理情感的影响是多方面的。学生如果长期置身于高雅整洁的环境之中，将自然而然形成一种健康向上的精神力量。在这种力量的感召下，他们将焕发出极大的热情，从而坚定为理想而奋斗的信念。

## （二）审美情趣的形成和提升

以审美的原则和要求进行精心设计的校园环境，将对学生审美情趣的形成和提升产生极大的作用。审美化的校园建筑设计，可以使他们积累美的感性认识；艺术化的校园绿化，可以陶冶他们美好的性情；秩序井然的校园陈设，可以提高他们对美的审视能力和评判能力；整体与局部的统一、点与面的结合、色彩搭配的和谐可产生永久的魅力。学生们长期置身于这样的校园环境之中，可以充分积累美的观念，加深对美的理解，从而奠定良好的审美基础，大大促进审美能力的提高。

## （三）文化知识的渗透和传播

良好的校园环境，是一部立体的、多彩的、富有魅力的、无声的"教科书"。它不仅可以给学生提供令其身心愉悦的多种感官享受，而且还能为知识传播创造良好的条件。例如，黑板报、宣传栏等，可以渲染出浓厚的文化与学术气氛；领袖画像、名人名言等，可以提升学生的精神品位；自然标本、机械模型、科技图片等，既可以开阔学生的视野，又可以使教育教学活动得以进一步延伸。

## （四）人格内涵的同化和演变

一个整齐秀丽的校园环境，会为学生提供良好精神活动的基础。学生会自觉约束自己，改正懒散懈怠的习惯，养成良好的生活和卫生习惯。校园中的一景一物、一草一木，对他们来说都具有一种形象同化的作用。例如，见到青松，人们会向往它的坚强高洁；见到青竹，人们会颂扬它的虚怀若谷；见到荷花，人们会赞叹它的出淤泥而不染……通过这些审美意象的积累，学生将形成一种高尚的人格。

　　总的来说，具有审美价值的校园环境的育人功能毋庸置疑是客观存在着的，对学生思想、情感的影响是重大且深远的。校园环境作为学生生活、学习的场所，影响着学生的思想情感，影响着学生对人生的态度。

# 第二节　校园环境建设

## 一、校园环境建设的内容

### （一）物质环境建设

　　学校应该加大投入力度，进一步抓好学校的整体布局，包括学校建筑、绿化和景观等。对中学校园自身特色的挖掘与营造应该放在校园总体设计的首位。校园建筑风格必须与周围环境协调统一，能体现学校的特色，体现科技、向上、美观、和谐的统一。建筑是一门艺术，建筑艺术的特点是在满足使用要求的基础上，通过其巨大的空间形象，表现特定时代和民族精神风貌、思想情感和审美趣味。建筑作为景观，能影响人们的视觉感受和情绪；作为使用设施，直接影响人们的生活和活动范围。学校建筑既有满足教学、科研、学习、生活需要的功能，同时又有审美方面的要求。所以校园建筑既是一种物质生产，又是一种艺术创造，要求实现实用功能和审美功能的统一。一般来说，学生宿舍、食堂等生活设施实用性较强，在设计上要多从实用角度出发，以满足学生生活需要为宗旨。教学楼的设计要在实用的基础之上，更加讲究舒适度并体现出一定的艺术特色。从总体上来看，现代校园建筑越来越重视审美，越来越强调艺术特色。

## （二）人文环境建设

校园人文环境是区别于校园物质环境的一种环境，它的作用对象是学生。在校园建设中，我们必须重视人文环境的建设。

### 1.人际关系建设

学校如同一个小社会，教师与学生之间、教师与教师之间、学生与学生之间、教师与学生家长之间、教职工与领导之间、领导与领导之间，无疑也构成了一张错综复杂的人际关系网。处理好各种人际关系，才能在学校内部形成团结、和谐、进取的氛围，使每个人心情舒畅，使群体具有凝聚力，学校发展也才能蒸蒸日上；反之，就会出现人心涣散，危及学校生存的情况。因此，建立和谐的人际关系是校园建设中一个不容忽视的问题。

和谐的校园人际关系应该是"合作型"的人际关系，具体包括教师之间要团结互助、互相尊重；教师与学生之间，教师热爱学生、信任学生、尊重学生、关心学生，学生要尊敬教师；学生与学生之间要团结友爱、互相帮助、互相尊重、互相信任；教师与学校领导之间要互相理解、互相支持；教师与学生家长之间要加强联系，要互相尊重、互相理解、互相帮助。

### 2.师德、师风建设

教师对学生的影响至关重要。教师的人格在学生的道德行为养成中具有广泛深远的影响，不仅能引发学生积极向上的感情，具有很强的感召力，而且在学生整个人生中会起到持续不断的鼓舞作用。因此要培养学生良好的道德修养，必须从抓师德、师风做起。

总之，校园环境建设是学校工作的重要组成部分，是培养新型人才必不可少的条件，是新时期加强和改进思想政治教育的重要内容，是学校实施素质教育的有效载体。学校要根据自身的特点，结合自身的实际，加强校园环境建设，使校园环境体现良好的校园风貌，使校园环境的育人功能不断强化和升华。

## 二、校园环境建设的原则

### 1.整体性

整体性原则包含两个方面的内容。一是指建筑空间的整合。校园环境体现的是浑然一体的建筑设想和构造，是独特鲜明的校园文化。各建筑群体之间是局部与整体的关系，空间的存在不是孤立的，必然与其他空间元素及环境因素发生关联。要采用系统化的设计手法，在统一中求变化，在变化中求统一。二是学校建筑设施和先后完善的景观之间的整体一致性。学校后增加的建筑设施、景观与原有的校园环境设施要始终保持风格的统一性和协调性。

### 2.艺术性

校园环境建设不是简单的美化和绿化，而是一个追求艺术化的过程。在进行校园环境设计的过程中，还要分析校园师生的文化背景、行为特点和特有的审美观念，应强调人与环境的融合。从布局、空间、环境氛围与建筑楼群设计方面为师生营造一种亲切感和人情味，设计出适合师生审美品位和生活实际需要的校园环境，使人与艺术、人与科学共生互生，使师生在美的环境中，在潜移默化中陶冶情操，净化心灵，启迪智慧，升华情感。

### 3.情感性

随着知识经济时代的到来，教育的内涵有了很大的变化。在知识经济时代，知识更新的速度很快，学校不再仅仅是向学生灌输知识，而是更加着重于培养学生的综合素质能力，强调独立思考和平等沟通。学习的形式和场所已不再局限于课堂之上，而是扩展到整个校园。顺应现代化教育内涵的变化，要着重加强校园交往空间的设计，为师生提供多层次的、亲切宜人的学习、交流和思考的场所，并通过各种层次的活动交流环境的影响，有力地促进学生综合素质的提高。

### 4.现代性

特色校园环境应当符合社会经济的发展方向。在环境设计上既要体现学校厚重的文化历史因素、鲜明的地域文化特征，更要在设计风格和建筑特色上体现科技发展进步赋予现代学校的精神风貌，还要适当融入国内外的设计元素和设计手法，并运用现代化的建筑材料和设计理念，倡导生态环境的保护，实现设计的可持续发展。

## 三、校园环境建设的规划

### 1.总体设计

校园环境建设规划要做到：统筹安排，整体规划；统一规划，重点完成；从整体到局部，从宏观到微观；先易后难，逐步完成；预留发展空间。

### 2.特色校园环境建设

校园环境设计中最关键也是设计领域最容易忽略的就是理念识别问题，即学校的办学理念、文化传承、强化学校理念特征的实施与操作个性特征等理念建设内容。学校的办学理念是学校发展的灵魂，是学校哲学、学校精神的集中表现，同时也是校园环境艺术化工程系统形象设计的核心和依据。

学校行为识别系统有校歌、宣传语、学校历史等，视觉识别系统有信封、信笺、网页、校徽、胸卡、校服、校车、校区平面规划等，它们以不同的方式来表现办学理念，从而使学校成为具有高度整合性和个性化的教育场所。

学校视觉形象设计的所有内容中，学校标志、标准字、标准色是基本要素。标志、标准字、标准色三要素是学校办学理念的外在集中表现，是视觉形象设计的核心，构成了学校的第一特征及基本气质，应重视它们的寓意性、直观性、表达性和传播性，以直观形象的视觉图形给大众留下深刻的印象，达到展示学校文化形象的目的。

学校应用系统包括名片等校务用品、学校宣传卡等赠品、主楼大厅文化墙等环境。应用系统的视觉设计对学校环境的塑造往往能产生特殊的影响，对学校师生的审美能产生强烈的刺激，获得意想不到的情感调节效果。

同时，环境艺术设计是以人的活动空间为设计主体的，其创作的形式是三维的，都使用空间、线条、光线和色彩，以美的组合来满足人们的感官享受，从而达到一种精神的升华。

## 四、校园环境建设的策略

校园环境的建设应和校园文化建设结合起来，着眼彰显学校独特的校园文化。

### 1.立足现状

校园环境的建设要以学校的现状为立足点，注意对校园本身及校园周边环境的了解，实现最优设计。

### 2.秉承传统

特色校园环境的建设应该根植于我们所在城市的历史传统。将学校所在城市外在文化特征与城市深层次的文化内涵结合起来，展现地方特色和新的时代精神，力求校园环境与历史人文环境、地域环境相和谐。

3.坚持可持续发展的观点

校园环境设计并不是一劳永逸的，对其长远的发展也应做周密的设想，并预留出发展的空间。坚持可持续发展的观点，改进和完善校园环境设计已是一种趋势。

随着时代的快速发展，校园的地位和作用将日益突出。特色校园环境的设计更应该引入可持续发展的观点，以实现学校与所在城市经济、社会、生态的协调发展。

4.充分利用社区资源

学校不应是游离于社区的文化孤岛，特色校园环境创建要善于挖掘社区优势，要争取社区的关心支持。

# 参考文献

龚春燕、胡方、张礼:《重庆:特色学校建设》,首都师范大学出版社,2012年版。

胡方、龚春燕主编:《学校变革之特色学校发展战略论》,重庆出版社,2008年版。

李红婷:《探寻学校自主变革之路·初中卷》,北京师范大学出版社,2016年版。

王如才:《主体体验:创新教育的德育原理》,山东教育出版社,2004年版。

杨连山:《班主任的100个怎么办》,江苏教育出版社,2006年版。

张国宏:《中小学班主任工作策略》,江苏教育出版社,2009年版。

郑立平:《把班级还给学生:班集体建设与管理的创新艺术》,中国轻工业出版社,2010年版。

朱仁宝主编:《做一个创新型班主任:现代班主任工作创新艺术》,江苏教育出版社,2006年版。